資本主義

Capitalism: A Very Short Introduction

U0118344

Capitalism: A Very Short Introduction

資本主義

富爾徹(James Fulcher) 著

張羅 陸贇 譯

OXFORD
UNIVERSITY PRESS

Oxford University Press is a department of the University of Oxford.
It furthers the University's objective of excellence in research, scholarship,
and education by publishing worldwide. Oxford is a registered trade mark of
Oxford University Press in the UK and in certain other countries

Published in Hong Kong by
Oxford University Press (China) Limited
39/F, One Kowloon, 1 Wang Yuen Street, Kowloon Bay, Hong Kong

This Orthodox Chinese edition © Oxford University Press (China) Limited

The moral rights of the author have been asserted

First edition published in 2017

資本主義

富爾徹 (James Fulcher) 著

張羅 陸賡 譯

ISBN: 978-0-19-942697-3

3 5 7 9 10 8 6 4 2

English text originally published as *Capitalism: A Very Short Introduction*
by Oxford University Press © James Fulcher 2004

目　錄

圖片鳴謝

前言

正如我在第六章所提出的，危機是資本主義經濟體的常態，但人們普遍認為，當前我們所處的經濟危機是自20世紀30年代以來最為嚴重的一次。我想借寫這篇前言的機會對此略談幾句。

當前危機的直接根源在於美國的房產市場泡沫，同樣的情況也發生在其他國家，如英國。房價似乎在無限制地上漲，這使得房產看起來成為一項安全的投資，對於買房者和借貸者都是如此。銀行競相放貸，通過佣金和紅利等手段激勵銷售員提高業績。各家銀行間的競爭如此激烈，致使個別銀行願意提供遠高於房產面值的貸款額度，比如英國的北岩銀行(Northern Rock)就提供相當於房價125%的貸款。在美國，另一項常見舉措是提供在初始階段利率極低的貸款以吸引借貸者。銀行迫切想要放貸，不僅因為它們能掙得利息，更重要的是，因為它們能將這些貸款項目「證券化」，將它們打包銷售給其他金融機構，後者正試圖尋求安全的投資營利方式。

房價不可能無限上漲，房產泡沫最終破滅了，這不足為奇。但是，很少有人意識到房產市場的震盪將

導致影響整個資本主義經濟體系的全球性危機。為什麼會這樣呢？

許多所謂的「次級」借貸者受人蠱惑，接受了他們無力負擔的貸款。當房價開始跌落時，提供貸款或投資其中的金融機構在試圖收回房產以回籠資金時遇到了麻煩。但真正導致這種情形轉變為危機的是這些機構的高負債率。它們借了大筆資金（通常是從國外），用於發放貸款或購買貸款投資組合。美國主要投資銀行的借款金額相當於它們自身資本的30倍。

銀行從「槓桿效應」中獲得巨大利潤，它們的股票價格一路飆升，但它們沒有意識到自己的處境多麼危險。它們以為自己很安全，因為它們使用了尖端的新金融技術來消除風險，但它們並沒有很好地掌握這些技術，其效果遠不如預期。看似岩石般牢固的美國金融機構——紐約的投資銀行如貝爾斯登（Bear Stearns）、美林（Merrill Lynch）、雷曼兄弟（Lehmann Brothers），抵押金融機構如房利美（Fanny Mae）和房地美（Freddie Mac），以及全球保險巨頭美國國際集團AIG——都背負了遠遠超過自身償還能力的巨額債務，面臨着破產的絕境。

隨後危機迅速波及全世界。一家又一家知名金融機構不得不依靠政府援救。當雷曼兄弟獲准宣佈破產時，全球金融圈一片恐慌。還有哪家銀行安全呢？各家銀行紛紛擔心貸款無法回收，因此不願意相互借

貸，銀行間貸款利率由此上升。那些背負巨額債務的銀行極力回籠資本。資本被存儲起來。

這場危機的範圍已經超出了銀行。它在整個經濟體擴散，因為存儲起來的資本凍結了整個金融體系。正常的經濟活動需要金錢在借貸雙方之間往返流通，但如今「貸款緊縮」終止了金錢的流動。那些需要借錢以維持日常運作的普通公司發現貸款忽然變得極其困難。切實可行的項目也不得不暫時擱置。在英國，需要私人資本的學校和醫院建設項目遭受了嚴重影響，而為了2012年倫敦奧運會的準備工作能正常進行，英國政府不得不用公共資本來替代私人資本。政府竭盡全力試圖降低利率，從而使銀行恢復貸款。

當政府幫助銀行恢復正常貸款後，這場危機會結束嗎？問題在於，危機觸發了累積性的通貨緊縮機制。破產、失業率上升、工資水平下降、銷售和價格下降，這些因素相互作用，使經濟走向蕭條。出於對未來的擔心，人們開始增加存款，減少消費。正如第六章中所描述的日本的案例，類似的螺旋式經濟緊縮很難化解。無論如何，當前的情況相比20世紀90年代日本所面臨的問題更為嚴重，因為當時世界其他地區並沒有出現螺旋式經濟緊縮，對於日本商品來說，依然有巨大的海外市場。如今，螺旋式經濟緊縮波及全球，日本的出口額急劇下跌。

金融危機也戳破了另一個更為巨大的泡沫，那就

是自20世紀80年代以來累積的債務泡沫。越來越多的消費，越來越多的經濟活動由債務提供資金。到危機降臨的時候，美國的債務總額已經比國民收入的三倍還要多。對於消費者(以及公司和銀行)來說，借債的成本很低，因為利率很低，且遠東和中東的資金大量湧入了傳統的工業社會。在遠東和中東社會裏，居民儲蓄率高，並且外貿出口獲得大筆盈餘，這些資金必須到外部尋求投資對象。事實上，對於新興的生產國而言，資金流入傳統工業社會至關重要，因為這些錢促進了對出口商品的消費。

目前人們的注意力集中在管理制度和金融政策上，這兩方面的失敗使得債務發展到無法維持的水平，但如果沒有債務激發的消費，之前就已經出現了過度生產的危機。資本主義特有的激烈競爭、由競爭驅動的技術進步，以及資本主義生產在新興國家的擴散，這些因素結合在一起，推動生產達到新的高度。要想吸收如此多的產品，消費唯一能依靠的就是不斷增長的個人債務。但是，累積的債務只不過延緩了過度生產的危機；債務使生產得以進一步擴張，實際上使得最終發生的危機變得更為糟糕。危機發生後的債務收縮揭示了潛在的危機，最明顯的例子莫過於大量待售的車輛。這就是資本主義潛在的過度生產傾向，對此馬克思早就提醒過(參見第六章)，同時這也是資本主義的根本問題所在。

私人債務在收縮，但公共債務一直在擴張。各國政府試圖通過削減稅收和增加支出來消解螺旋式通貨緊縮並增加消費，但它們隨即面臨公共債務增加的問題。這些政策背後的凱恩斯主義邏輯非常明確，將經濟活動維持在較高水平相比其他選擇能保持更高的稅收和更低的福利成本。但是，公共債務必須由某一方提供資金支持。如果政府試圖過度借款，它們的貸款來源可能會被耗盡。無論如何，公共債務必須支付利息，並且最終通過採取更高的稅收和更少的政府支出來削減，這一做法將在未來的某個階段抑制需求。最根本的問題是，無論政府做什麼，債務、消費、生產三者間將相互影響並出現衰退，這一點看起來難以避免。

當前突然盛行的政府干預是否意味着我們已進入資本主義發展的新階段？我在本書的第三章提出，「重新市場化的資本主義」，即資本主義發展的第三階段，始於20世紀80年代。或許我們可以說，現在一個新的階段已經到來，因為正是「重新市場化的資本主義」讓市場的力量為所欲為，從而催生了當前的危機。金融機構獲准自由借款，並且可以投資於任何它們中意的經濟活動。金融機構間日益激烈的競爭造成了競爭性的貸款操作，從而產生了房產泡沫。隨即，在金融衍生產品方面賭博似的投機活動（參看第一章中論述尼克·李森（Nick Leeson）的投資活動的部分）

火上澆油，這些投機舉措打壓了陷入困境的銀行的股價。忽然之間，人們都在談論一個新時代，談論嚴格管制、對金融行為的政府監管、銀行的國有化、對陷入困境的產業提供政府支持、政府創造就業機會等話題。

但是，如果就此匆忙得出結論，將政府的緊急干預與資本主義發展的新方向混為一談，這是錯誤的。將銀行收歸國有可能只是臨時舉措。英國的工黨政府在態度上並沒有發生意識形態上的轉變，他們逐步地、不情願地接管銀行的做法說明了這一點。他們這麼做，目的在於保持金融體系的運作，而不是因為相信公有制的好處。英國的全面私有化源自20世紀80年代，看起來當前不可能出現大規模的反撥。資本主義將堅持重新市場化的做法。

必須要指出的是，正如第三章所討論的那樣，管制本身對於重新市場化的資本主義來說並不陌生。儘管不充分的管制使得當前的危機得以發展，但創建一個新的管制機構以避免濫用市場行為並維持一個公平的競爭環境，這是重新市場化的資本主義的主要特徵之一。國家引導與國有制對資本主義有害，但是國家管制事實上對於資本主義的運作至關重要。

毫無疑問，很多事取決於危機的程度與持續時間。當前的危機是一次嚴重的全球性危機，幾乎所有地區的生產都受到影響。據預測，2009年美國、英

國、歐元區及日本的經濟都將衰退。正如20世紀30年代的大蕭條時期一樣，國家保護的政策可能使危機加劇。儘管每個國家都在公開反對保護主義，但已經有充分的證據表明，一些國家正試圖保護它們的產業，並把投資集中於國內。國際貿易正在衰退，一些人擔心某種「去全球化」的過程正在發生，這一過程將傷害所有國家，但對發展中國家的衝擊尤為劇烈。

不過全球衰退的程度可能被誇大了。據預測，世界其他地區的經濟在2009年將繼續增長，尤其是中國和印度。中國的年增長率為8%，印度為6%，儘管發展速度有所放緩，但依然會取得大幅度增長。儘管對西方出口減少給中國帶來了問題，但是，中國擁有世界人口的五分之一，如果減少儲蓄，增加消費，中國的國內市場足以推動經濟自足增長。要想設法擺脫現有的全球經濟危機，關鍵在於遠東地區的經濟體：究竟它們現在是否能夠自給自足，推動經濟增長，抑或國際貿易將它們如此緊密地與傳統工業社會捆綁在一起，以致它們也將一起衰退，就像20世紀30年代的大蕭條一樣？

2009年4月

第一章
什麼是資本主義？

商業資本主義

　　1601年4月，英國東印度公司派遣第一支遠航船隊前往東印度。經過18個月的航行，四艘船隻——「升天號」、「猛龍號」、「赫克托耳號」、「蘇珊號」——從蘇門答臘和爪哇返回，帶回的貨物以胡椒為主。此次冒險的成功促使同一批船隊於1604年3月離開倫敦，開始第二次遠航。船隊返回時，「赫克托耳號」和「蘇珊號」率先啟程，但「蘇珊號」在海上失事，而「赫克托耳號」則被「升天號」和「猛龍號」救起，當時它正漂流在南非附近的海上，多數水手已經死亡。三艘船於1606年5月回到英格蘭，帶回了胡椒、丁香、肉豆蔻等貨物。投資於這兩次航行的股東們從中獲得了相當於投資額95%的利潤。

　　1607年，船隊的第三次遠航同樣取得成功，但1608年「升天號」和「聯合號」的第四次航行卻是一次徹底的災難。「升天號」抵達印度的西海岸，卻在那裏因為它那「傲慢且固執的船長」的錯誤決定而失事。他忽視了當地人關於淺水區的警告，導致船隻擱

淺。「聯合號」在馬達加斯加的一個港口停靠，在那裏船員們遭遇埋伏，船長被殺，不過「聯合號」依然抵達蘇門答臘並滿載了貨物。但在返回英格蘭的途中，「聯合號」在法國布列塔尼附近的海岸失事。投資者在這次航行中損失了全部資本。

資本主義本質上就是期望獲取利潤的投資行為。通過類似的遠距離貿易，投資者可能獲得巨額利潤，但同時也要承擔相當大的風險。利潤完全來自稀缺性和距離。歐洲和香料原產地之間胡椒價格的巨大差異造就了利潤，巨額利潤使得人們無視冒險的成本。真正重要的是貨物是否能運回歐洲，不過市場條件也很重要，因為大型船隊的突然回歸可能會壓低價格。如果貿易的高額利潤吸引了太多人參與，市場也可能會變得飽和。胡椒的過量供應迫使東印度公司採取多元化經營，同時販賣胡椒之外的香料和其他產品，比如靛藍染料。

此類貿易需要大量資本。首先必須造一艘大船，如「東印度人號」(此類商船大都被如此命名)，船上配備相應設施，並裝上火炮以對付荷蘭和葡萄牙的競爭對手。當它遠航歸來時，還得維修。公司位於布萊克沃爾和德特福德的船廠需要大筆資金支持。在當地，船廠是主要的勞動僱傭者。遠航的船隻還要捎上用於購買香料的金條和貨物，裝上彈藥以及備足大批船員所需的食物和飲水，這也需要資本。在東印度公司第

三次遠航的時候，「猛龍號」有150名船員，「赫克托耳號」100名，「升天號」30名，總共需要預備280人的飲食，至少在航程的初始階段是如此。需要大批船員的原因之一是確保在航程中發生危險造成人員傷亡後，有足夠的水手駕駛船隻返航。

英國東印度公司的資本主要來自倫敦的富商，他們掌控並管理資本的使用。資本的另一來源是貴族及其附庸，公司歡迎這些人的加入，因為他們在宮廷中很有影響力。公司的特權取決於王室的態度。外國資本同樣參與其中，主要來自被荷蘭東印度公司排除在

圖1　「東印度人號」，1829年

外的荷蘭商人。這些商人還是荷蘭公司活動情報的有效來源。

東印度公司的前12次航行都是分別募集資金的，每次航行的資本屬於一次性投資，所獲利潤根據商業傳統在股東間分配。但是，對於長途貿易的投資來說，這種方式極具風險，因為資本將前往遙遠的未知地區，在很長一段時間內處於不確定狀態。每次航行中派遣多艘船隻可以分散風險，但整個船隊也可能全部遇難，就像1608年的那次遠航。東印度公司轉而採取將風險分散到幾次航行裏去的融資辦法，於是公司變為成熟的聯合股份公司。自1657年之後，公司所獲得的投資改為連續性的資本投入，與特定的航行無關。1688年，東印度公司股票在倫敦股票交易所上市。

東印度公司還通過壟斷措施減少風險。和它的國外競爭對手一樣，英國東印度公司與政府聯繫緊密，後者給予它東方商品的進口壟斷權以及使用金條作為支付手段的權力。作為回報，一直缺乏資金的政府對公司的大宗商品及貴重物品進口收取關稅以資歲收。東印度公司當然也要面對競爭，但主要是國際競爭，即英國人、荷蘭人、葡萄牙人在印度周邊地區的競爭。在三個國家的本國範圍內，競爭被盡可能地消除殆盡。被排除在外的其他人一直努力介入貿易，而政府給予東印度公司的關鍵特權之一就是對「闖入者」採取行動。

通過大量購入股票和抑制銷售可以操控市場。17世紀阿姆斯特丹的商人尤其善於此類操作，他們忙於達成對各類商品的壟斷，不僅是香料，還包括瑞典的銅、鯨魚製品、意大利絲綢、糖、香精和硝石(火藥的成分之一)。要做到這一點，巨大的存儲倉庫是關鍵。布羅代爾(Fernand Braudel)評論道，荷蘭商人的倉庫比巨艦更大、更昂貴。他們可能貯存大量穀物，足夠整個國家吃上10到12年。這不僅是抑制商品供應以抬高價格的問題，因為大量存儲也使得荷蘭能突然將貨物傾銷到整個歐洲市場，從而打垮外國競爭者。

這當然是資本主義，因為遠途貿易需要以獲取巨額利潤為目的的大筆投資，但是這顯然並不是自由市場資本主義。獲取高額利潤的秘密在於通過這樣或那樣的方式確保壟斷，排斥競爭對手，並盡一切可能控制市場。因為利潤是通過交易稀缺商品而不是合理化生產的方式取得的，商業資本主義對於社會的影響有限。當時歐洲的大多數居民過着自己的生活，資本所有者的商業活動並沒有影響他們。

資本主義生產

18世紀80年代，兩個蘇格蘭人，詹姆斯·麥康奈爾(James M'Connel)和約翰·肯尼迪(John Kennedy)從家鄉一路向南到達蘭開夏郡，加入當地的棉紡織業，成為學徒工。他們積累了一定經驗並從紡織機械生產中

賺了一筆錢，隨後兩人在1795年建立了自己的公司，初始資本為1,770英鎊。他們很快從紡紗業務中獲取了可觀的利潤，1799年和1800年，公司的資本回報率超過30%。他們迅速累積資本。1800年，他們的資本上升到22,000英鎊；1810年，進一步上升到88,000英鎊。到1820年，公司擁有三家紗廠，並且成為了全球棉紡之都曼徹斯特精品棉紡織業的龍頭老大。

然而，棉紡織業迅速成為激烈競爭的行業，利潤無法維持在19世紀初的高水平。很大程度上，這是因為高利潤導致行業擴張，吸引了眾多新企業加入。到1819年，已經有344家紗廠。到1839年，這個數字增加到1,815家。技術進步使得19世紀30年代的生產率出現大幅度提升，競爭促使公司投入大量資金開發新機械。這一時期建造的紗廠面積更大，可容納40,000台紡錘，而之前的工廠只能容納大約4,500台紡錘。19世紀30年代，廠房和機械的巨額投資成本，加上生產率提高後對棉線價格的擠壓，使得整個行業的利潤率處於較低水平。

利潤最終取決於將棉花原料加工成紗線的工人。麥康奈爾和肯尼迪的員工人數從1802年的312人增加到19世紀30年代的約1,500人。其中多數為廉價的童工，經常出現僱用的勞工中近半數不滿16歲的情況。1819年，有100名兒童不滿10歲，甚至有7歲兒童，他們必須從早上6點開始工作，直到晚上7點半。

除了新廠房和新機械偶爾產生的高成本，公司的主要開支是工資。1811年，公司的年度工資支出超過35,000英鎊。到19世紀30年代中期，此項支出超過48,000英鎊。通過壓低工資水平，並用技術一般但相對廉價的勞工替代技術熟練的工人(自動機械的發明使其成為可能)，公司達到了盡可能壓縮工資開銷的目的。棉紡織業一再出現的不穩定狀況，導致市場需求周期性暴跌，僱主不得不降低酬勞並壓縮工作時間以求繼續生存。

　　隨着工業資本主義的發展，工資引發的勞資糾紛越來越有組織性。紡織工人通過工會來保護自身利

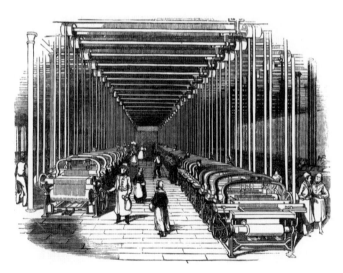

圖2　動力織布機在一家19世紀的紗廠中佔主導地位

益，反對削減工資。他們的組織起初限於地方，隨後擴展到區域，並最終成為全國性組織。從1810年到1818年，再到1830年，有組織的罷工越來越多，但都被得到政府支持的僱主所挫敗，政府拘捕罷工者並將工會領袖關入監獄。僱主們建立了自己的聯合會，以便將工會激進分子「列入黑名單」，採取「停工以迫使工人妥協」的辦法回應罷工，並且相互提供資金支持。不過紡織工人所採取的強力行動看起來頗為見效，儘管紡織業利潤率下降，僱主們極力削減工資，但工資依然保持穩定。

對勞動者的剝削不僅限於壓低工資，還涉及對勞動者的規訓。要想將開支降到最低，工業資本主義需要有規律的、持續的工作。昂貴的機械必須不間斷地運轉。懶散、酗酒，甚至連閒逛和交談都被禁止。紗廠在招募員工時遇到麻煩，因為人們就是不喜歡長時間、不間斷的勞動班次和嚴密的監管。僱主們不得不尋找達成規訓的辦法，對於首批工業勞動者來說，這種規訓極其陌生。僱主們通常採用體罰（針對童工）、罰款或威脅開除等粗放且消極的制裁措施，但有些人則採取更為複雜的、以道德說教為主的方式來控制工人。

羅伯特・歐文(Robert Owen)在他位於新拉納克的工廠引入了「無聲的監督者」機制。每個工人有一段木頭，木頭的側面如果塗上黑色，表示工作糟糕，藍色表示不好不壞，黃色表示好，白色則表示優秀。塗

上顏色的那一面被轉到正前方，讓所有人都能看到，以便不斷提醒該工人前一天所完成工作的質量。每個部門都有一本「品質登記簿」，記錄每個工人每天的顏色評價。規訓不僅關係到工廠，因為歐文還控制了社區。他派出街道巡邏隊搜尋醉酒者，並在第二天早晨對其進行處罰。他堅持衛生清潔，制定了清掃街道和房屋的詳盡要求。他在冬天甚至還實施宵禁，要求所有人在晚上10點半之後不得出門。

正如E. P. 湯普森(Thompson)所強調的那樣，經過規訓的工作是有規律的、遵循時間安排的工作。它意味着每天早起，按時開始工作，到了規定的時間點停下來休息，休息時間的長度也有明確規定。僱主們一直反對工人們一項由來已久的請假慣例，即以額外的「聖徒日」、「聖周一」，甚至包括「聖周二」為藉口曠工，以便從周末的宿醉中恢復。時間變成了戰場，一些無恥的僱主甚至在早晨將鐘錶的時間向前撥，到了晚上又撥回來。有許多故事都提到，僱主把工人的手錶摘下，這樣他們對時間的控制就不會遭到質疑。隨着工業革命的進行，計時器的擁有率也迅速增加，這一點具有重要意義。在18世紀末，政府甚至竭力想對鐘錶的所有權收稅。

工業資本主義不僅創造了工作，它同時也創造了現代意義上的「休閒」。乍看起來，這種說法令人吃驚，因為早期的紗廠僱主想要盡可能地延長機器運轉

時間，迫使工人長時間工作。但是，通過在工作時間要求工人持續工作，排除工作之外的活動，僱主將休閑和工作分離開來。有些僱主在工廠關閉期間設置長假，從而明確劃分工作與休閑，因為這樣做勝過任由零星休假干擾工作進度。作為工作之外的時間，「休閑」包括假期、周末、夜晚等多種形式，它是規訓後的、有約束的工作時間的產物，而正是資本主義生產造成了這樣的工作時間。工人們隨即希望得到更多的休閑，休閑時間的延長得益於工會運動，後者肇始於棉紡織業，最終政府通過新法令限制了工作時間，並給予工人休假權。

在另一層意義上，休閑也是資本主義的產物，即休閑的商業化。這不再意味着參與傳統的體育和娛樂活動。工人們開始付錢換取由資本主義企業組織的休閑活動。新的鐵路公司提供價格低廉的短途旅行車票，蘭開夏郡的紡織工人可以借此去黑池(Blackpool)度假。1841年，旅遊業的先驅托馬斯·庫克(Thomas Cook)組織了第一次旅行，運送人們坐火車從萊斯特(Leicester)到羅浮堡(Loughborough)參加戒酒者的聚會。此時，組織人們大規模旅行去觀看收費入場的體育比賽，特別是足球和賽馬，成為了可能。這一變化的重要意義無法估量，因為一批全新的、對休閑市場進行利用和開發的產業開始湧現，這一市場即將成為消費者需求、就業和利潤的重要源頭。

資本主義生產改變了人們的工作和休閑生活。以獲利為目的的資本投資驅動着工業革命，而飛速的技術進步則以驚人的速度提高着生產率。但機器不可能自行運作，在創造利潤的過程中起到核心作用的是僱傭勞動力。工資是僱主的主要開支，因而也成為了資本所有者與「勞動力」所有者之間的鬥爭焦點。按照卡爾·馬克思的説法，工人所擁有的只是自身的「勞動力」，即通過體力勞動獲取金錢的能力。工人們集中於工廠和手工作坊，在那裏他們不得不在監工們的眼皮底下連續地、有紀律地工作。但與此同時，他們也有機會通過工會將自身組織起來，成為一個整體。與工作無關的活動被排斥在工作時間之外，成為休閑時間的內容。日常生活至此被明確劃分為工作與休閑兩部分。然而，僱傭勞動的形式也意味着工人們有錢用於休閑生活的開銷。休閑的商業化創造了新的產業，後者又進一步推動了資本主義生產的擴張。

金融資本主義

1995年2月23日，周四，巴林證券新加坡分部的經理尼克·李森(Nick Leeson)眼看着日經指數，即日本股票市場綜合指數，暴跌了330點。在那一天裏，他的交易操作使得巴林銀行損失了1.43億英鎊，不過只有他一個人知道所發生的一切。這部分損失僅僅只是開頭，李森一共向上司隱瞞了將近4.7億英鎊的損失。他

知道事情已經敗露，帶着妻子慌忙逃竄到了婆羅洲北部海岸的一處隱居點。與此同時，巴林銀行的經理們對於在新加坡憑空消失的巨額資金困惑不已，他們竭力尋找李森。第二天早晨，人們發現巴林兄弟銀行，倫敦地區歷史最悠久的商業銀行，遭受了巨大的損失，它事實上已經破產。李森努力想回到英格蘭，但他在法蘭克福遭到拘捕，以違反金融監管的罪名被引渡回新加坡，並被判處六年半的監禁。

李森經手交易的是「金融衍生產品」。這些產品是複雜的金融工具，它們的價值衍生自其他物品，如股票、債券、貨幣或者石油、咖啡等真實商品的價值。舉例來說，期貨是以現有價格在將來某個時間點購入股票、債券、貨幣或商品的合約。如果你認定股票價格將上升，你可以買該股票的三個月期貨。三個月期滿之後，你按照當初約定的價格買入股票，然後以當時的高價位賣出，從而賺取利潤。你也可以買期權，即你並非一定要履行未來的交易，你可以在此後決定是否繼續完成交易。

購買期貨可以起到一個非常重要的作用，因為它減少了不確定性，從而也減少了風險。如果穀物的價格很高，但收穫卻還需要等待一段時間，農場主可以和商人進行交易，約定以現有價格在三個月後出售穀物，從而鎖定現行價位。但是，購買期貨也可以完全是一種投機行為，通過價格變動來獲取利潤。李森的

(a)上圖為巴林銀行的明星交易員尼克‧李森,攝於1999年他從獄中被釋放之後

(b)左圖為尼克‧李森加入公司時巴林銀行的主席第七代阿什伯頓男爵

圖3　英國金融資本主義的新老面孔

此類金融期貨交易或多或少是一種基於一定信息基礎上的、針對未來價格變動的風險投資行為。這就是蘇珊·斯特蘭奇(Susan Strange)所說的「賭場資本主義」。

另一種生錢方式是「套利」，即利用不同市場間由於技術原因出現的價格微差牟利。如果你能夠發現這些價格差異，迅速計算出它們的價值，並且快速調撥大筆資金，你就能通過這種方式獲取巨額利潤。李森發現他能夠利用大阪和新加坡兩地證券交易所的期貨價格之間持續時間不到一分鐘的細微差異獲利。這類操作的風險很小，因為所獲得的利潤源自真實存在(儘管很短暫)的價格差異，因而可以計算清楚並即時兌現。

那麼，為什麼李森會犯下如此大錯？他的墮落歷程開始於一個特殊的錯誤賬戶——88888號。李森創建該賬戶，本意是想處理非惡意的交易及賬目上的錯誤。後來這個賬戶成為了他隱瞞損失的庇護所，他還讓新加坡的「內勤部門」在不同賬戶之間進行非法的臨時資金調動來掩蓋累積下來的月底赤字。類似的操控欺騙了審計人員，他們本該早就發現所發生的一切。

88888號賬戶的存在使得李森敢於用巴林銀行的資金進行投機。既然他的任何損失都能被掩蓋，李森就可以冒險在期貨市場上進行大膽投資，從而樹立起投資高手的形象。他的損失可以通過後續交易來彌補，有一次李森幾乎補上了所有虧損，但如果他就此關閉

88888號賬戶，他將失去使他成為巴林銀行明星交易員的法寶。最終，他的損失再次增加，並累積到難以挽回的地步，他已經無法再通過資金調動來掩蓋巨額虧損。

此時，李森開始轉而出售期權。與期貨交易不同的是，期權能立即籌集到資金來掩蓋88888號賬戶每月的虧損。李森一心針對期貨價格變動進行投機，但東京股市的走向與他預期的正相反。隨着損失的增加，他加大賭注，假裝代表一位名叫菲利普的神秘客戶售出更多、更具風險性的期權。神戶大地震後，日經指數下跌，此時李森損失慘重，不得不通過大量購入期貨，試圖獨力推動股市上揚。但下挫的壓力顯然過於強大，股市最終還是下跌。到目前為止，累積的損失和負債已經超過了巴林銀行的總資本額。

為什麼巴林銀行會允許這一切發生呢？巴林銀行是一家商業銀行。1984年，巴林銀行成立巴林證券公司，並介入證券交易。這次轉變非常成功，到1989年，以日本股票為主的證券交易已經佔到巴林銀行利潤的一半。巴林證券隨即介入當時正成為投資時尚的衍生產品交易。1993年，巴林銀行將自己的資本與巴林證券的資本合併，這一致命的決定拆除了原本能保護銀行不受證券部門投資損失影響的「防火牆」。這一做法極其危險，因為巴林銀行的高級經理們對於他們參與的新遊戲知之甚少，同時銀行沒有建立起合適

的管理架構，財務控制非常薄弱。在當今世界，金融行為紛繁錯雜，欺詐始終是潛在的危險。巴林銀行卻違背了企業管理的黃金法則，竟然允許李森兼任交易員和新加坡「內勤部門」經理兩個職位。要知道後者的職責就是審核交易並平衡賬目。

表面看來，李森是一個非常成功的交易員，為巴林銀行掙得了大量利潤，因此銀行給予他全面支持。諷刺的是，當巴林銀行倒閉時，李森的上司們剛做出決定，要給予李森45萬英鎊的紅利，以獎勵他在1994年的交易行為。李森的交易操作從倫敦總部榨取了越來越多的資金，以致巴林銀行不得不在全球範圍內尋求貸款以彌補資金缺口，但他的上司們卻以為他們在為明星交易員的贏利操作提供資金支持。李森之所以能如此長時間進行違規交易，不僅僅是因為金融市場的複雜性和巴林銀行內部極其軟弱的金融控制，還在於銀行本身對於更多利潤的渴求。

資本主義究竟是什麼？

我們已經考察了資本主義三個截然不同的案例。這三個案例中的商業行為各不相同，但都涉及資本主義的本質特徵，即以贏利為目的的投資。經濟活動本身的性質並不重要，重要的是從中獲利的可能性。的確，資本主義社會的典型特徵就在於，幾乎其中所有的經濟活動都是由以獲利為目的的資本投資所驅動的。

資本是用來投資以獲取更多金錢的金錢。廣義上，「資本」一詞常用來指可用作投資的金錢，或者說，能夠轉成金錢形式用以投資的任何資產。因此，人們的住房常被看作他們的資本，因為他們可以通過出售或者抵押貸款將住房轉換成資本。許多小型企業都是通過這種方式建立起來的。但是，要將資產轉成資本需具備若干條件：資產所有權必須明確界定，資產價值可以測算，資產所有權可以轉讓，以及存在資產交易的市場。資本主義社會發展的一個標誌性特徵就是出現了能將各類資產轉換成資本的制度。赫爾南多·德索托(Hernando de Soto)令人信服地提出，正是這些制度的缺失，特別是財產法的各種運作機制的缺失，造成了第三世界無法產生地方性的資本主義萌芽。在他看來，資產中所蘊含的巨大價值被凍結，無法轉成資金並由企業家投入到生產中。

在真正的資本主義制度出現前就已經存在資本主義者。自遠古以來，商人們一直通過投資可獲利商品來攫取財富。正如我們在東印度公司的例子中所看到的，此類商業資本主義具備高度組織性，並取得了高額利潤，但這樣的經濟活動只涉及當時整個社會經濟體的很小一部分。大多數人的收入並非來自資本投資所支持的經濟活動。在真正的資本主義制度中，不僅貿易需要資本投入，生產同樣如此，於是整個經濟變得依賴於資本投資。

資本主義生產的基礎是以獲取工資為目的的勞動。在資本所有者(他擁有馬克思所說的「生產手段」)和出售勞動以換取工資的勞動者之間出現了明確界線與衝突。生產手段包括工作場所、機器設備和原材料。在資本主義社會出現之前,生產手段的所有者並非資本所有者,而是製造產品的手工匠人。工資(或報酬)是僱主為獲得工人所出售的勞動所支付的價格。正如資本主義者願意為任何能帶來利潤的活動進行投資,工人能夠在任何支付勞動工資的經濟活動中找到工作。

在資本主義社會中,資本和勞動兩者都具有抽象性和流動性,因為兩者都與具體的經濟活動相分離,從而在原則上能被投入到任何可獲得報酬的經濟活動中。在現實生活中,資本所有者和工人雙方的現有技術和經驗以及雙方的關係和依附狀態限制了這樣的流動性。但是,資本和勞動的潛在流動性是資本主義社會的特徵之一,有了流動性,才有資本主義社會特有的活力。

僱傭勞動力既是自由的,又是非自由的。不同於在奴隸主逼迫之下進行勞動的奴隸,僱傭勞動者能自行決定是否工作,為誰工作。不同於封建社會中被封建主土地束縛的農奴,僱傭勞動者能自由流動,去任何地方尋找工作。但在另一方面,這些自由是虛幻的,因為在資本主義社會要想生存只有通過付出勞動

來換取報酬，勞動者對於工作或僱主幾乎沒法選擇。此外，僱傭勞動者受到僱主的嚴密控制，正如我們在紗廠的例子中看到的那樣，資本主義生產意味着一種新型的、經過規訓的持續工作。工人們變成了馬克思所說的「工資奴隸」。

僱傭勞動對於生產和消費都具有重要意義。僱傭勞動者自身無法生產他們所需或想要消費的產品，只能通過購買獲得產品，他們的消費需求激勵了一大批新的資本主義企業進行生產。這不僅包括他們的食物、衣飾、個人物品，也包括他們的休閒活動。正如我們之前所看到的那樣，資本主義生產迅速催生了以休閒的商業化為基礎的全新產業。僱傭勞動所具備的雙重角色使生產和消費之間得以產生動態交互作用，從而解釋了資本主義生產為何能在條件合適時如此迅速地發展。

和商人一樣，市場也不是什麼新產物，但市場在資本主義社會中以一種全新的、更為抽象的方式處於核心地位。因為生產和消費被分離開來——人們不再消費自己的產品，也不再生產自己消費的物品，生產和消費只有通過買賣商品和服務的市場才能取得聯繫。市場並不是你購買某些自己不生產的商品的場所，而是你獲得任何事物的唯一途徑。市場不再是位於某個特定場所，而是存在於任何買賣雙方進行交易的地方。如今，在一些電子空間中，這通常意味

着商品標價和登記交易的地方。這不僅適用於商品和服務，也適用於勞動、金錢和資本。支付給勞動力的工資，即勞動力的價格，由勞動力市場決定。在勞動力市場上，僱主之間為獲得勞動力而競爭，工人之間也為獲得工作而競爭。在貨幣市場上，金錢本身被買賣。在股票市場上，則是公司的所有權被買賣。

正如我們在紗廠的例子中所見到的，市場造成了資本主義企業之間的激烈競爭。它們通過多種方式相互競爭，如更有效地剝削勞動，使用技術創新來減少開支，更有效地促銷產品等。競爭迫使公司不斷變化，因為它們要竭力擊敗對手或至少趕上對方的發展速度。當然，一些企業失敗了並就此破產，它們的員工失去了工作。正是這種與商業資本主義的壟斷做法截然不同的競爭性，使得資本主義生產獨具活力。

然而，資本主義企業也找到了減少競爭的辦法。那些相比競爭對手具有優勢的企業或許享受到了競爭所帶來的激烈交鋒，但這也帶來了不確定性，減少了利潤，甚至導致了破產。因此，企業間組成了行業協會以規範競爭。可以通過承諾不參與價格戰或者約定所有企業維持同等工資水平來操控市場。還可以通過兼併和收購來集中生產，從而減少競爭。在資本主義制度中，競爭與集中之間總是存在着緊張關係，這兩者都是資本主義的典型特徵。

既然價格變化不定，任何市場都提供了通過投機

賺錢的機會。如果購買某物是為了在沒有通過加工以增加其價值的情況下，在未來以更高價格出售它，那麼這就是一種投機。投機買賣可能涉及任何一種商品。可能是穀物，可能是貨幣，可能是金融衍生產品，也可能是奴隸買賣。此類投機通常被視為非生產性的寄生行為，已完全從生產商品和服務的實體經濟中分離出來。儘管它通常是非生產性的，但它不僅僅是一種通過投機來賺錢的方式，還是一種避免風險的辦法。由於供求雙方之間的關係總是變化不定，市場處於不穩定狀態。增加並儲備存貨是一種防範價格逆行的保險方式，以免價格變化影響贏利，甚至摧毀企業。從事李森所投機的那類期貨交易是另一種減少不確定性的方法，這種複雜的方法在很久以前就已經出現，它能保護生產商和經銷商，減少未來無法預測的價格變動對他們的影響。

20世紀70年代，貨幣兌換率從固定制變為浮動制，這使得未來的貨幣價值變得更加不確定。隨之而來的是80年代和90年代迅速增長的貨幣交易。減少此類不確定性的方法之一是通過購買貨幣期貨來「兩面下注」。所以，儘管貨幣期貨的大量交易毫無疑問是一種投機，但此類市場的拓展以及隨之而來的金融創新卻是出於實際的經濟需要。

同樣的理由也適用於公司股票的投機交易。資本市場的存在是資本主義制度的核心。它們對於資本主

義制度的運行來說至關重要，因為它們使那些尋求投資的人和另一些有錢可用於投資的人走到一起。由於股票價格隨着公司的經濟形勢和利潤率的變化而變化，投機者總是能找到針對未來價格變化的投資機會。投機行為並沒有和資本主義制度相分離，而是資本主義自身機制不可避免的發展結果。

因此，我們所提出的問題的答案是，資本主義制度涉及以獲取更多金錢為目的的金錢投資。儘管很早以前商人就開始這麼做，但是直到以投資方式進行商品生產，資本主義制度才正式形成。資本主義生產取決於對僱傭勞動的剝削，這樣的勞動同時也促進了對資本主義企業所生產的商品和服務的消費。生產和消費由協調所有經濟活動的各種市場聯繫在一起。市場使得企業間的競爭成為可能，但同時也產生了集中資源以減少不確定性的趨勢。市場波動也為投機性的資本主義提供了基礎，此類投機行為或許並不直接生產商品，但卻是基於資本主義經濟所賴以運作的核心機制之上。

第二章
資本主義源自何方？

　　資本主義制度最先在英國出現。因此，合理的做法是考察當時的英國究竟具備哪些條件，為資本主義的發展提供了沃土。的確，關於資本主義起源的一些描述僅僅滿足於回答這一問題。埃倫·梅克辛斯·伍德(Ellen Meiksins Wood)的近作認為，資本主義起源於英格蘭。令人驚奇的是，她認為資本主義起源於農業，源自地主、佃戶和農民三者間的關係。本章第一部分大體上沿用她的思路提出了類似看法。但我們能就此止步嗎？本章後續部分提出，資本主義從根本上必須被視為一種歐洲現象。在探討資本主義起源的時候，與其問為何資本主義在英國得以發展，不如問為何資本主義出現在歐洲。

為什麼是英國？

　　19世紀的英國是人類歷史上第一個工業社會，但工業化在19世紀成為可能的原因在於資本主義制度在18世紀所取得的突破。市場關係的拓展和消費的增長產生了足夠多的需求，從而使投資工業生產有利可

圖。為購買商品而掙錢的需求促使人們尋求在工業領域的工作機會，儘管這樣的工作很單調，而且工廠的工作要求時常很嚴苛。資本所有者對勞動力的控制使得他們可以通過將工人們集中在廠房、引入機器生產、以新的方式組織勞動等辦法提高生產率。

在18世紀，僱主和勞動者之間的關係已經明顯具備了資本主義生產關係的性質。工會和勞資糾紛通常與19世紀聯繫在一起，但是與勞資雙方利益相關的有組織的衝突在18世紀就已經出現。在18世紀，大多數手工匠人在某個階段加入了作為工會前身的「聯合組織」。他們這麼做的理由很簡單，因為集體組織是他們得以保護自己並對抗資本主義僱主的唯一方式，後者一直試圖通過降低工資水平或僱用熟練程度較低的工人以達到獲取廉價勞動的目的。

在英國西南部，制衣行業的羊毛梳理工人是最早以這種方式組織起來的工人群體之一。1700年，蒂弗頓(Tiverton)的羊毛梳理工人成立了「友好社團」，試圖與制衣商就最低工資達成協議，並要求對方不得僱用社團之外的工人。他們與僱主發生激烈糾紛，後者打算從愛爾蘭進口已經梳理完畢的羊毛，這是現在大家都非常熟悉的利用國外廉價勞動力的早期案例。作為對僱主的反擊，羊毛梳理工人焚燒愛爾蘭羊毛並襲擊了制衣商的住所，他們對私人資產的攻擊最終演變為工人們與當地警方之間的激烈戰鬥。

同樣在18世紀的英國，學者們首次就社會的經濟基礎做了典型的資本主義式的思考。亞當・斯密(Adam Smith)清楚地闡述了勞動分工、競爭、市場自由運作以及追求利潤的生產等做法的好處。當時的主要思想家們審視著在他們周圍出現的資本主義經濟體的運行機制和規律。此後，卡爾・馬克思在19世紀對資本主義模式進行了分析，他通過一套截然不同的意識形態話語，批判並吸收了18世紀思想家們的觀點。

　　資本主義生產為何在18世紀的英國變得如此普遍？其中一個原因可能是之前商業資本主義的發展。正如我們在第一章所見到的那樣，商業資本主義，尤其是東印度公司這樣的形式，在17世紀取得強勢發展。一旦資本通過商業冒險得到積聚，它就可以被用於生產投資。並且，國際貿易的發展使得資本主義生產的商品能面向全球市場銷售。在19世紀，蘭開夏郡的棉紡織業在很大程度上依賴印度市場。商業資本主義也創造了對公司股份進行投資和交易的新方式。

　　但是，商業資本主義並沒有如想像中那樣與資本主義生產緊密聯繫。在18世紀，生產增長背後的主導因素是國內需求，而不是國外需求。而且，正如我們在第一章中所看到的，那些組織國際性貿易冒險的商人所關心的，與其說是削減生產開支，不如說是從東方和歐洲的商品銷售差價中尋求賺錢的機會；他們更感興趣的是操縱市場，而不是組織生產勞動。如果讓

他們尋求其他投資方式，他們很可能會選擇借高利貸給政府，尤其是那些為戰爭募集軍費的統治者。

資本主義生產在英國的起源不在於商業資本主義，而是源自16世紀生產、消費和市場在英格蘭地區的發展。事實上，當時在諸如採礦業等行業中已經出現大型企業，因此，一部分人認為，工業革命早在16世紀就已發生。但是，當時的大部分生產依然是小規模經營，在手工作坊或家庭的基礎上完成，幾乎沒有任何現代意義上的「工業」。不過，在服裝和家用產品(如紐扣和絲帶，別針和釘子，食鹽、澱粉和肥皂，煙斗、小刀和工具，鎖、鍋壺盆罐和磚瓦等)製造業方面出現了明顯增長。僱傭勞動日漸普遍，在16世紀的英格蘭，超過一半的家庭至少部分地依賴工資獲得收入。這意味着人們擁有越來越多的錢購買此類商品，而且在他們的日常生活中市場關係變得越來越重要。在當時，以來自倫敦地區的商人為基礎建立的全國性市場已經形成，這一現象在歐洲獨一無二。

隨着僱傭勞動日漸普遍，出現了早期階級組織的萌芽。之前我們看到，18世紀的手工匠人普遍加入了「聯合組織」。不過，在此之前就已經有了工人組織的初始形式。16世紀，「幫工協會」已經在英國發展成熟，其歷史可追溯到14世紀。「幫工(journey-man)」一詞，字面意思為「白天做工的人」，他們被匠師短期僱用進行勞動。他們的技術水平參差不齊，

通常都是剛結束學徒期的手工匠人，還沒有掌握足夠技能和經驗能夠成為獨立工作的匠師。之後，越來越多的匠師在招募幫工後，竭力阻撓他們取得獨立從業的資格，將他們排除在控制技術的行業組織之外，從而將他們留作自己的廉價勞動力。幫工對此做出的回應是成立集體組織以維護他們的權益，作為整體與匠師進行談判，要求提高工資並改善工作條件。儘管在他們的協會儀式中依然保留了許多中世紀的習俗，但是幫工們也使用了現代化手段。1424年，高雲地利（Coventry）服裝行業的幫工舉行罷工，要求得到更高的工資，地方政府不得不介入以解決爭端。因此，手工匠人很早就已經分化為僱主階層和勞動階層，並且相互間存在利益衝突。

在這個階段，大多數手工作坊的生產中不涉及資本投入，但在某些行業中，尤其是服裝業，一種新的生產形式正在形成，那就是「分包體系」。以服裝製造業為例，商人們用他們的資本買下羊毛，並分包給紡紗工和織布工，隨後將紡織完成的布料收回，送往其他行業完成服裝製作，並最終銷售服裝。儘管這一體系由商人組織，但相比從事國際性貿易冒險的商人，此類商人與生產過程的聯繫更為緊密。事實上，他們最初通常都是手工匠人。

在通往資本主義生產的道路上，這是明確而重要的一步。這並非真正的資本主義生產，因為資本所有

者擁有原材料和產品，但並不擁有全部生產方式。比如，織布工通常利用自家的織布機工作。生產被分散為許多小單元，商人並沒有控制生產過程或直接監督工人。但是，在這一體系的後續發展形式中，紡織工可能從僱主那裏租借織布機，或者從僱主所有的作坊中租借工作場所，由此僱主對工人獲得了更多的控制。分包體系逐漸演變為現代工廠，儘管它一度持續與後者平行發展，在紡織業這種體系甚至現在依然存在，因為在紡織業最終的成衣工序通常依舊分包給家庭工人完成。

由此，我們可以將資本主義生產的起源追溯到很久以前，到16世紀甚至更早。英國社會究竟有何特質，能孕育這些早期的資本主義傾向？在我看來，原因在於鄉村的社會關係變遷。

封建領主的生活依賴於他們所享有的特權，他們可以佔有農民所提供的農產品、勞動或金錢。農民階層並不自由，而是束縛於他們所勞作的田地。但到了15世紀，市場關係開始逐步取代封建關係。封建領主變為土地所有者，其生活依賴佃戶上交的租金，而佃戶則在市場上相互競爭，以獲得土地租賃。在土地上進行的耕作逐漸成為支付工資的勞動，土地成為可以買賣的財產。

圈地運動始於15世紀晚期，斷斷續續地維持到19世紀，它象徵着土地所有權的轉變。圈地運動用柵欄

把土地圍起來，有時還把所有人公用的土地變為私人財產，把當地原本依賴公用土地生活的人趕離土地。有些時候，圈地運動把傳統上分散的、由不同個人所有的小塊土地集中起來，變為單一的、更容易管理的單位。結果就是將土地劃分為由個人所有的、界限分明的大塊單元。由此，圈地運動簡化了複雜的中世紀土地使用慣例，將土地轉變為可以在市場上進行交易的資產。

以市場為導向的農業對於資本主義生產的發展起

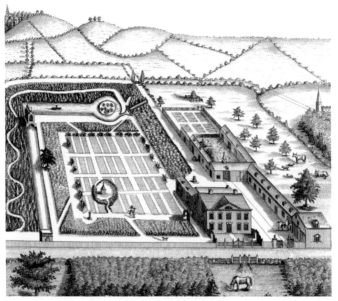

圖4 圈地之後的地貌：18世紀中期萊斯特郡的伯比奇，戴維‧威爾斯 (David Wells)的莊園，一個被所圈土地包圍起來的模範農場

到至關重要的作用。農民間的競爭激發了創新，而生產力的提高使農民可以為更多非農人口提供食物。農民出售農產品，並提供農業勞動換取金錢，從而有錢購買消費品。農業生產率的提高解放了部分勞動力，他們轉而從事消費品的生產。隨着新的生產中心在農業地區出現，這些消費品越來越多地在農村地區進行生產。

市場關係為何會替代封建關係？人們通常把封建關係衰退的原因歸結於黑死病的影響。在15世紀的英格蘭，封建領主已不復能行使特權並控制雇農，在很大程度上，這是黑死病所造成的後果。在14世紀中期，黑死病造成人口減少近三分之一，並使得剩餘的農業勞動力有可能反抗封建領主行使特權的企圖。由於勞動力稀缺，農民可以擺脫那些暴虐的封建領主，在其他地方找到工作。但是，黑死病是遍及整個歐洲的現象，在各地造成的後果不盡相同，因此黑死病本身並不能解釋在英國率先出現的封建制度的衰落。

那麼，為什麼封建制度會在英國率先出現衰落？在我看來，原因在於英國的封建制度並不牢固。在封建社會，司法和軍事權力分散在地方封建領主手中。特權和武力的分化給予地方封建領主相當大的權力，使他們得以管轄和剝削下屬的農民。但是，自從1066年諾曼征服(Norman conquest)以來，英格蘭一直有着相對統一、井然有序、協調一致的君主專制體制。到

了16世紀，在都鐸王朝治下，英格蘭成為歐洲諸國中封建成分最少、最為統一、中央集權最明顯的國家。因此，英格蘭的統治階層相比歐洲大陸的封建領主而言，對地方武力的掌控較弱，難以用武力榨取農民階層的收入盈餘。在英國，統治階層更多依賴由土地所有權、地租、工資勞動等因素提供的經濟機制來剝削農民。相對統一的國家也為全國性市場的出現提供了便利。

於是，在試圖回答「為什麼第一個資本主義社會會在英國出現」這一問題的時候，我們最終追溯到1066年。但這並不是說射中哈羅德國王(King Harold)[1]眼睛的箭矢導致資本主義在英國發展起來！真正的原因是諾曼征服的後續影響最終形成了一個特定的社會環境。相比歐洲其他國家，這一環境更適合成熟的資本主義體制出現。

歐洲的資本主義

儘管英國是第一個普遍採取資本主義生產形式的社會，有許多例子表明歐洲其他地方也出現了資本主義。的確，歐洲其他社會的資本主義組織方式常常要比英國的更為先進。

資本主義生產在歐洲已經有很長一段歷史。分包

---

[1] 威塞克斯王朝的最後一位君主，1066年10月在與諾曼軍隊決戰時戰死。——編注

體系起源於法蘭德斯(Flanders)或意大利，在14世紀和15世紀的德國變得十分普及。在法蘭德斯，分包體系最初由紡織業匠師和布商組織，所需的經營資本不多。但到了13世紀，當地一種生產過程更為複雜的豪華布料的業務獲得發展，最終導致了投入大量資本的「商人兼企業家」的出現。這一產業進口英格蘭羊毛。於是，英格蘭的農業商業化與佛蘭德的資本主義布料生產聯繫在了一起，這一證據表明，資本主義在本質上必須被視為全歐洲的現象。

歐洲大陸的採礦業同樣大規模使用商業資本。15世紀末，商業資本所有者在北歐和中歐對採礦業進行了結構重組。在靠近地表淺層的礦藏被開採完畢之後，深層採礦(不管是銅、金、銀或鉛)需要大量資本。這為商人們，比如來自奧格斯堡的富格爾家族(Fuggers)，提供了介入並控制生產的機會。富格爾家族依靠貿易以及向哈布斯堡家族(Hapsburg)的皇帝們放貸積累了大筆財富，隨即他們通過在奧地利和匈牙利投資採礦業進一步積累財富。他們在匈牙利的礦場僱用了數百名工人，利潤極其可觀。在中歐的這些礦場裏，原本獨立的礦工變成了僱傭勞動力。在這一時期，德語中的arbeite(意為「工人」)一詞首次開始使用。

在歐洲大陸的一些城市中也出現了朝着資本主義生產發展的早期跡象。尤其明顯的是迅速發展的印刷

行業。儘管大多數印刷作坊都很小，但它們需要資本購買印刷機，支付工資，購買紙張和鉛字。利潤取決於能否降低勞動成本。印刷作坊的匠師與雇工之間頻繁爆發衝突，工人們加入了「幫工協會」，具有高度組織性。1539年，里昂爆發了一場大規模的印刷工罷工，並於1541年波及巴黎，隨後在1567年和1571年，這兩個城市裏又爆發了進一步的騷亂。

隨後資本主義生產在整個歐洲，而不僅僅是英國，獲得了發展，但資本主義制度的發展不應該只從生產的角度來考察。資本主義商業和金融技術的早期發展出現在英國之外的地方。17世紀的荷蘭具有比同

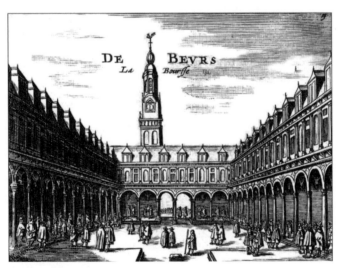

圖5　阿姆斯特丹股票交易所，建於1608—1613年

時期的英國更為先進的商業資本主義制度，公司財務的關鍵革新由荷蘭東印度公司完成，隨後才被英國的同行所採用。1609年，荷蘭公司的資本變為永久性資本。投資者從一家「股份」公司那裏獲得分紅，他們不能撤回資本，但可以賣掉股份。這一創新舉措使公司得以在長期規劃的基礎上累積資本，從而使公司能更為持久、獨立地生存下去。它還創建了進行股份交易的市場，當時阿姆斯特丹建立了股票交易所，這是資本改革的必然結果。

正如我們在本章第一部分所看到的那樣，商業資本主義制度的這些革新與資本主義生產的發展毫無關係。東印度公司以及相關的股票市場與製造業聯繫甚少。的確，第一章中麥康奈爾和肯尼迪發跡的經歷表明，英國工業化的早期階段並非由股份公司投資。早期的工業企業大多經營規模相對較小，由家庭或當地貸款資助，隨後靠利潤積聚資本。

但是，金融革新對於大型工業企業的發展至關重要，正是這些企業在19世紀晚期主宰了資本主義生產。如果我們想要理解我們所生活的資本主義世界的起源，那麼了解大型企業的發展，其重要性在我看來不亞於了解資本主義生產。與之前的經濟體系的決裂，與其說在於資本主義生產的興起(它通過一系列細微的改變逐漸出現)，不如說在於大型企業所組織的大規模的資本密集型經營行為的確立。從這一角度來

看，在17世紀，商業資本主義對於荷蘭的金融創新具有極其重要的意義。

這些創新舉措可以從17世紀的荷蘭追溯到16世紀的安特衛普(Antwerp)。那裏的商人們發明了新的資助風險貿易的方式，通過在更大範圍內吸收「被動」投資者的資本來分散風險。安特衛普同時也是一場以匯票為基礎的金融革命的中心。匯票作為貿易的關鍵輔助早就存在，因為它們使商人得以在外地(可能是歐洲的另一端)購買商品，卻在本地支付。到了16世紀，匯票不再限於特定的貿易支付，而是變為一種在國際範圍內流動資金的方式，從而催生了歐洲資本市場。隨着一家名為「英格蘭會所」('English House')的商品市場在安特衛普建立，期貨交易也開始出現。這家市場裏，買賣英格蘭羊毛的合同可以在不交割羊毛實物的情況下簽訂。

我們可以進一步回溯，早在12世紀意大利的一些城市，特別是熱那亞和威尼斯，就已經有一些商人採取此類方法募集資本並資助貿易。匯票的最早形式於12世紀晚期出現在熱那亞。國際貿易的風險促使商人們發展出新的合作方式來資助航行，從而分擔風險，分享利潤。到14世紀，財會操作的進步使商人們得以更緊密地控制國際貿易。在關於資本主義歷史的早期著述中，此類創新曾被著重強調，但近來的論述側重資本主義生產的發展，反而將這些創新舉措邊緣化

了。要想理解主宰當今世界的公司制以及金融資本主義的起源，我們就必須重新審視這些舉措。

這些金融創新舉措可以通過遍及歐洲的貿易和金融網絡，從金融業和商業最為發達的中心地區向周邊迅速擴散，首先是意大利，隨後到法蘭德斯，再到荷蘭，因為中世紀的商業面向整個歐洲。14世紀，意大利的主要商業和銀行機構在法蘭德斯、英格蘭和法國都設有分支機構。它們甚至資助英格蘭國王們的海外軍事行動。

締造此類網絡的不僅僅是商業關係，還有難民的流動，尤其是在16世紀和17世紀。16世紀後半葉，來自意大利和法蘭德斯的難民們帶着他們的知識、技能和資本來到其他國家，如瑞士、德國、荷蘭、英格蘭。胡格諾教派(Huguenots)信徒是法國的新教徒，信奉加爾文的學說(Calvinist beliefs)，他們移居或者說被驅逐到英格蘭和瑞士，並在那裏開始新的產業，如蕾絲、絲綢生產和手錶製造。猶太商人被驅逐出伊比利亞半島，分散到整個歐洲，其中一些移居安特衛普，之後又被驅逐，最終前往阿姆斯特丹。

英格蘭對於難民持開放態度，這一點對於資本主義生產的發展非常重要。卡洛·奇波拉(Carlo Cipolla)討論了英格蘭經濟興盛的原因，他的觀點對於當前關於移民問題的辯論頗具啟示。他提出，難民的經濟貢獻一直以來都被忽視了，他對伊莉莎白時期英格蘭

「與眾不同的文化接受性」作了點評。的確，英格蘭在當時從法國和法蘭德斯引入了熟悉最新技術和產品的手工匠難民，以求重振英格蘭衰落的制衣行業。從中受益的不僅是紡織業，因為難民還引入了玻璃製作、造紙、鋼鐵鍛造等行業的新技術。

造成難民流動的主要原因是宗教改革運動和反改革運動之後出現的宗教迫害和宗教戰爭，當然移民的原因不僅限於宗教。由戰爭和軍事佔領所引發的經濟破壞是促使人們從法蘭德斯移民到荷蘭的另一個主要原因。正如在當今世界中遇到的情況一樣，很難將經濟因素造成的難民和政治及宗教分歧造成的難民區分開來。通常而言，難民們離開的地區其經濟處於停滯或衰退狀態，而他們重新定居的地區則處於經濟發展的前列。經濟領導地位從意大利轉到德國和法蘭德斯，又轉到荷蘭，後來才轉到英國。儘管如我們所看到的那樣，幾個世紀以來英國的生產和消費都在持續穩定地增長，但直到18世紀英國才超越了荷蘭，成為歐洲資本主義經濟的領先者。

導致經濟領導地位變化的原因可能是貿易的轉變、戰爭的影響或政治及宗教變革，但就像我們所處的時代一樣，當時經濟變化的部分原因在於國際競爭的結果以及成功之後的自毀根基。因此，16世紀意大利經濟衰落的部分原因在於貿易重心從地中海地區轉到大西洋，但同時也是北歐的低成本生產商加入競爭

的結果。意大利的城市提供了良好環境，使得手工業得以繁榮並生產出高質量的商品，但與此同時工資也在提高，而行會的管控則抑制了創新。當地人竭力扼制農村地區更低成本的生產，這種做法讓形勢變得更加糟糕。當時北歐的欠發達國家，如同現在的第三世界欠發達國家一樣，能夠在競爭中打敗久負盛名的生產中心。

因此，雖然我們有理由問為何英國是第一個出現資本主義生產的國家，但如果只在英國範圍內尋找資本主義制度的起源，那就大錯特錯了。一方面是因為資本主義組織形式的重要特徵起源於英國以外的地區。但最主要的原因是當資本主義制度出現時，並不存在界限分明的國家資本主義。當時的商業網絡是歐洲性的，商人和工人在各國間流動，在不同階段歐洲的不同地區分別引領了資本主義的發展。

為什麼是歐洲？

什麼因素使歐洲成為了資本主義的誕生地？幾乎歐洲社會的每個鮮明特徵都被人當做理由來解釋為何資本主義會在歐洲出現。

答案或許在於歐洲的城市。本章已經多次提到了城市在資本主義發展中起到的作用。先是意大利的城市，隨後是布魯日、安特衛普、阿姆斯特丹、倫敦，這些城市催生了金融和商業技術的關鍵革新。歐洲社會的鮮明

特色之一就是在意大利、法蘭德斯和德國出現了由一批相對獨立的城邦所組成的網絡。在這些城邦中，佔據主導地位的是商業和金融利益，而不是土地利益。

城市的作用不可或缺，但把城市視為資本主義在歐洲興起的原因，這種解釋存在若干問題。的確，從11世紀到13世紀，城市變得日漸獨立，但隨後的幾個世紀裏城市失去了大部分自主權，先是受重獲權力的封建統治者管轄，後來又聽命於民族國家。此外，資本主義生產在鄉村地區比在城市發展更為迅猛，因為城市裏的行業協會妨礙了冷酷無情的資本主義者追逐新的生產方法和更廉價的勞動力。而且，正如本章第一部分所提出的，在英國至少農業的變革對於資本主義生產的發展至關重要。

或許答案在於封建制度本身。封建主義制度與資本主義制度之間的關係既有趣又矛盾。在許多方面，封建主義看起來與資本主義正相反。在封建主義制度下，與權力和財富相聯繫的是對土地的控制，而不是資本所有權。生產不是為了市場，而是為了生產者和封建領主的消費，後者使用暴力而非經濟脅迫手段從生產者那裏榨取剩餘產品。不存在「自由」的僱傭勞動力，因為農業勞動力束縛於土地。這樣的社會怎麼可能產生資本主義制度？

儘管封建社會被看作因循守舊，與資本主義制度正好相反，但實際上封建社會在許多方面很靈便且富

有活力。資本主義制度的關鍵特徵，如市場和僱傭勞動，可能在封建社會內部發生，並且相比其他社會形態，如古羅馬式的奴隸制社會，或者在世界其他地區存在的自足式農業社會，封建社會更容易產生資本主義萌芽。在封建主義制度下，生產者一方面擁有一定的自由，因為他們不同於奴隸，對於封建主只有有限的、特定的義務；另一方面，不同於獨立自足的農民，他們被迫要生產剩餘產品。

從封建制到市場經濟的轉變也可能變得相對容易。農民有義務向封建領主提供勞動或農產品，這些可以被金錢支付所替代，反過來這也意味着農民必須通過僱傭勞動或者在市場上銷售農產品掙錢。封建領主則將他們巧取豪奪的所得用於購買奢侈品，從而激勵貿易和製造業。封建主義制度內在的階級衝突推動了這一轉變，因為封建領主總是設法發明從農民階層榨取金錢的新辦法，農民則利用勞動力短缺的機會擺脫了封建義務的束縛，能夠獲取工資作為勞動報酬。

必須要補充一句，封建主義並非必然以此種方式轉向資本主義。這種轉變在西歐的確如此，但在東歐情況不盡相同。16世紀，東歐的土地所有者事實上加重了對農民的封建剝削，以便能從出口給西歐城市的穀物中榨取更多收入。因此，至少在一段時間內，西歐的經濟發展加強了其他地區的封建主義管控。封建主義制度蘊含着演變為資本主義的潛力，但究竟此種

潛力能否實現則取決於其他因素。羅伯特‧布倫納 (Robert Brenner)曾針對這一問題作過著名的論斷，他認為農民自我組織以反抗封建領主並將自己從封建束縛中解放出來的能力至關重要。與東歐的封建領主相比，西歐的封建領主對於村莊的控制力較弱。

另一種解釋源自歐洲多元化的政治結構。在羅馬帝國衰亡之後，儘管有過許多嘗試，但沒有哪個統治者能夠在整個歐洲範圍內建立封建秩序。一些學者在解釋統治者的失敗時，提到了摧毀古羅馬的多次蠻族入侵所造成的民族多樣性。中世紀專制政權的封建結構也是後繼者無法建立統一帝國的原因之一。封建統治者在軍事和金融方面存在弱點，因為他們的軍事力量來自不可靠的追隨者，並且他們無法調動充足的資源，這使得他們建立新帝國的冒險注定失敗。在這種情況下，不存在足以控制整個歐洲的帝國與封建主義制度的缺陷實際上是一回事，我們沿着另一條路徑回到了封建主義制度。

但為什麼多元政治結構能孕育資本主義制度？這在一定程度上是個沒有意義的問題，因為有論者指出，封建官僚體制通過稅收、管控，以及出於追求政治穩定而對經濟發展進行打壓等措施抑制了資本主義的活力。當然也有積極方面，歐洲並沒有陷入無政府狀態，因為不同的王國建立之後，為經濟發展提供了必需的最低程度的社會秩序。

歐洲的多元化特徵也使得企業家有可能從經濟形勢惡化的國家流動到能為企業提供更為理想條件的國家。因此，意大利和法蘭德斯等地出現的反宗教改革運動雖然遏制了當地經濟的發展，卻沒有阻止資本主義的發展，因為人們可以移居到政治制度官僚化程度較低、宗教寬容度更高的地區。正如我們之前所看到的那樣，資本主義在歐洲的發展，其鮮明特點之一就是經濟領先優勢在各國之間的階段性輪轉。當經濟條件在一個地區惡化時，企業家可以在其他地區找到新的落腳點。

　　不過，導致資本主義在歐洲發展的真正原因或許是特定的思想，而不是特定的社會結構。宗教信仰激勵人們，使他們的行動變得有意義，通過規定他們該如何生活、能夠做些什麼來規範他們的行為。中世紀的歐洲當然有着強大的宗教機構，滲透到人們生活的每個角落。在基督教和資本主義發展之間存在聯繫嗎？

　　馬克斯·韋伯(Max Weber)對這兩者之間的聯繫提出了最為著名的論述，他把「新教倫理」和「資本主義精神」聯繫在一起。值得注意的是，韋伯並非認為新教導致了資本主義的出現，而是認為新教提供了一整套思想，從而激勵人們按照資本主義的方式行事。新教信仰，尤其是加爾文主義者(Calvinists)(或按照英國通行的稱呼——清教徒(Puritans))的信仰驅使人們過着禁慾生活，提倡儲蓄而非花費，由此促成資本的積

累。新教徒還相信，侍奉上帝不是遠離世俗生活，而是恰如其分地完成上帝號召他們所做的工作。新教思想將修道院的宗教規訓帶入日常經濟活動中，韋伯引用了一位16世紀的新教神學家的話，聲稱「你以為自己從修道院中逃脫出來，但現在每個人在他一生中都必須做個修道士」。

　　清教工作倫理毫無疑問影響了北歐和北美的資本主義社會中人們對待工作和金錢的態度，但是，要解釋資本主義制度為何能出現，它還有所欠缺。我們可以找到人數眾多的信奉加爾文主義的企業家，在加爾文主義扎根的國家裏經濟增長更為迅速，但並沒有充分證據表明加爾文主義者的宗教信仰對於資本主義制度的形成至關重要。的確，亨利‧卡門(Henry Kamen)曾令人信服地指出，不是新教企業家的宗教信仰，而是他們的難民地位，解釋了加爾文主義和資本主義制度之間的明顯聯繫。

　　特雷弗–羅珀(Trevor-Roper)提出了類似見解，他認為反宗教改革的國家將企業家從天主教地區，特別是意大利和法蘭德斯(之前這些地區一直是處於領先地位的經濟中心)，驅逐到北歐信奉加爾文主義的國家。這種做法的部分原因在於新的宗教排斥態度，這不僅驅逐了新教徒，也趕走了猶太人和部分沒那麼狂熱的、持有寬泛人文主義思想的天主教徒(此類思想在信奉天主教的企業家中非常典型)。另一部分原因在於官

僚體制和反宗教改革國家的高稅收有損企業經營。一部分難民信仰加爾文主義，但其他人成為加爾文主義者只是出於便利，因為他們最終定居在了信奉加爾文主義的地區。

關於資本主義在歐洲的宗教起源的辯論還有另一面，有論者聲稱，其他文明的宗教抑制了資本主義在那些地區的出現。儒家思想佔主導地位的中國就是一個很有趣的例子。先進的中華文明取得了許多重要的技術革新，包括發明造紙術和火藥，但是這些並沒有成為工業資本主義的基礎。儒家思想信奉自然和社會的雙重秩序，這樣的觀念提倡社會穩定，而不是資本主義典型的社會活力。但是，森島通夫(Michio Morishima)認為，日本的儒家思想很大程度上促成了資本主義制度在日本的成功發展。由宗教話題衍生的爭論存在一個問題，那就是宗教信仰可以(並且事實上已經被人)從很多的方面進行闡述，而宗教文本自身的解釋力很有限。

在其他方面，古代中國也與歐洲相反。它是一個官僚體制盛行的帝國，缺乏歐洲所特有的封建權力分散、城市自治、多國競爭等因素。因此，我們不能將宗教差異的影響與其他那些能夠合理解釋資本主義為何在歐洲而不是在中國出現的差異隔離開來。

不必期待其他的先進文明能產生資本主義，有充分理由說明為什麼這些文明無法做到這一點。主宰大

多數先進文明的都是單一的統治集團，它們使用軍事或宗教力量，而不是通過經濟脅迫，來榨取農作物和商品生產者的剩餘產品。這部分剩餘產品隨後被用於領土擴張，維持軍事力量，以凸顯和展示統治者的威望。它們建立某些官僚機制，專用於對人口進行徵稅和管制並使之臣服。在這些社會中，個人當然積聚了大量財物，但他們能這麼做，靠的是與國家政權的關係，而不是單純的經濟活動。換句話說，除了通過積累資本和管理勞動力之外，還有更為簡便的辦法來增加財富並發展勢力。

有一個共同因素將我們已經考察過的種種解釋聯繫在一起，那就是，在歐洲社會中，缺乏一個其他文明中存在的那樣一個單一的、協調一致的、佔據絕對主導地位的精英階層。羅馬帝國之後的歐洲，其典型特徵就是政治權力分化，多個王朝間相互競爭，城市自治，統治者和被統治者之間持續衝突。依附於統治者當然能掙錢，但國家政權並不穩定，統治者並不可靠，脅迫總是遇到抵抗。在這些情況下，經濟活動成為了獲取、積累並保有財富的更具吸引力的手段。市場交易的經濟機制、資本積累和僱傭勞動逐漸取代了官僚體制和封建制度下積累財富的手段。歐洲社會獨一無二的結構特徵為資本主義機制的產生和繁榮提供了條件。

第三章
我們如何走到今天？

　　資本主義改變了世界，與此同時，資本主義自身也發生了變革。我們現在正處於資本主義發展的一個特定階段，它始於20世紀70年代和80年代發生的變革。不過，要想明白我們現在身處何方，我們就必須將這個新時代放回到歷史背景下。戴卓爾主義代表着當前時代的核心思想，它致力於反撥之前數百年的發展趨勢，恢復維多利亞時代資本主義的價值觀與活力。

　　本章將工業資本主義的發展劃分為三個階段，並加以討論。對於所劃分的階段以及各個階段的稱謂，讀者不必過於較真。它們只是一種便利的方法，用來顯示不同時期的特徵以及主要特徵之間的關聯。這些階段的劃分參照了英國歷史，因為英國最早出現工業資本主義制度，並且一直以來都是資本主義社會的重要思想及制度的主要源泉。下一章將考察資本主義發展過程中的國際間差異。

無序型資本主義

　　這一階段包括整個18世紀及19世紀早期，當時工

x

業資本主義獲得了大發展。這一時期缺乏秩序，因為無論是組織起來的勞動力還是國家政府，對於資本主義企業家的經營活動都沒能加以控制。小型工廠和手工作坊之間陷入激烈競爭，而勞動力則處於流動狀態，擁入新的工業城市並參與其建設，建設了運河、道路、鐵路，從而使貨物及人員的大規模運輸成為可能。

如第二章所示，從資本主義生產的早期階段開始，手工匠人一直試圖組建協會，以獲取集體性的力量。僱主的敵視態度、競爭的壓力、不穩定的就業和大部分生產單位的小規模生產，使得工人們很難組織起來，但他們並沒有因此放棄努力。在19世紀早期，工人們雄心勃勃地進行了多次嘗試，想要建立全體工人的大聯盟。1830年，全國工人保護協會成立，1834年，全國團結工會聯盟成立，不過兩者存在時間都不長。當時，能存活下去的工會組織是由那些熟練工人組成的聯盟，他們能夠控制行業的准入資格，不會被輕易取代。

國家政府一度開始規範工廠的工作條件。試圖對童工的工作時間加以限制的做法可以追溯到18世紀，1802年頒佈的《學徒健康與道德法案》(Health and Morals of Apprentices Act)最早成功地進行了此類嘗試，不過直到1833年，首部對此做出限定的有效法規《工廠法》(Factory Act)才獲准通過。雖然一部分改革者是出於人道主義關懷才提出此類法案，但法案本身並非

僅僅針對剝削，它還關注工廠中所僱用的婦女和兒童的道德狀況以及傳統家庭關係的維繫。不管怎樣，對於工廠的管制越來越多，這一點被頻繁提及之後，給人以某種錯覺，即國家在當時的經濟中起到了重要作用。事實上，當時經濟生活的一些重要方面都脫離了政府管制。

國家對於學徒制、工資水平和食品價格的管理機制建立於16世紀，於1815年被廢除。國際貿易擺脫國家管制的過程更漫長，但到19世紀60年代也已取得成功。其中關鍵一步在於1846年廢除了穀物的進口關稅。解除管制有利於工業資本家，他們想要擺脫國家干涉，自由開展經濟活動。他們希望工資水平由勞動力市場，而不是由國家來決定。他們還希望開展自由貿易，部分原因在於支持出口，但另一部分原因則在於廉價的進口食物使他們能夠支付更低的工資。

解除管制的做法與當時興起的自由主義思想相呼應。自由主義思想提倡個人自由以及市場的自主運行，但這並不意味着國家完全放棄管制。事實正好相反，只有在一個秩序井然的社會中，市場力量才能自由操作，而社會秩序的穩定需要加強國家力量，因為當時的工業資本主義正造成巨大的混亂。罷工、暴動、破壞機器以及侵犯他人財產權等行為威脅著生產與社會秩序，而工會和激進政治運動直接挑戰了資本主義僱主和國家的權威。政府動用武力來鎮壓暴動和

示威，有時還採取極端的暴力手段。

在當時幾乎沒有任何國家福利。無法生存的窮人數量日漸增多，這成為令人擔憂的現象。但是，當時人們擔憂的並不是這些窮人的福利，而是擔心他們將成為當地社區的負擔。這些窮人被迫工作，1834年的《濟貧法修正案》(Poor Law Amendment Act)引入了新的救濟體系，迫使窮人勞動。原有的「戶外救濟」措施被廢除，創建了新的室內救濟體系。只有那些進入「勞動救濟所」的人才能得到救助。那裏的條件被刻意設置得很糟糕，甚至比當時的工人最低薪酬還要差，只有那些無法正常工作的人才會進入「勞動救濟所」。這一法規在窮人中激起了極大的仇視，在實際做法中，原有的戶外救濟體系很大程度上依然被保留，但是1834年的法案很好地說明了在無序型資本主義時期國家對於窮人的態度。

在資本主義發展的這個階段，競爭激烈的小規模製造、力量單薄的工人組織、經濟管制的解除、強勢的國家政府、最低程度的國家福利等現象相互作用，成為本階段的主要特徵。本階段尤為典型的思想是自由主義關於個人自由的信念，這一思想的歷史意義不僅限於當時。自由主義作為一整套有影響力的思想一直延續下來，後來又改頭換面，衍生出「新自由主義」思想與政策，在資本發展的當前階段產生了重大影響。

管控型資本主義

資本主義的下一階段從19世紀後半葉開始，到20世紀70年代達到頂峰。在這一階段，競爭與市場管制出現衰退，因為勞資雙方都變得更富組織性，並且國家的管理與控制也得到了加強。國際衝突在其中也起到一定作用，因為各國政府一方面試圖保護國民經濟不受日漸激烈的國際競爭影響，另一方面則更為有效地管理和利用本國資源以應對競爭對手的挑戰。

階級組織是本階段發展的驅動力之一。19世紀中期之後經濟增長更為穩定，大型生產單位出現，更強大的工會組織形成，這些因素為全國性工人運動的最終出現和生存提供了條件。僱主們也變得更富組織性。19世紀後半葉，隨着產業層面上僱主們取得聯合，他們也組建了自己的聯合會，一方面對抗工會日漸強大的勢力，另一方面也試圖減少無序競爭帶來的不確定性。

但是，僱主們減少不確定性的主要辦法並不是通過僱主聯合會，而是通過集中。對付競爭最簡單的辦法是大量買入或者兼併。在英國，這一過程一直持續到19世紀末期，到了20世紀20年代又出現一股新的兼併浪潮，典型案例就是1926年成立的帝國化學工業公司(Imperial Chemical Industries)，該公司由四家化學公司合併而成，而這四家公司原本就是之前兼併的產物。資本主義組織形式的主要趨勢之一就是集中化程

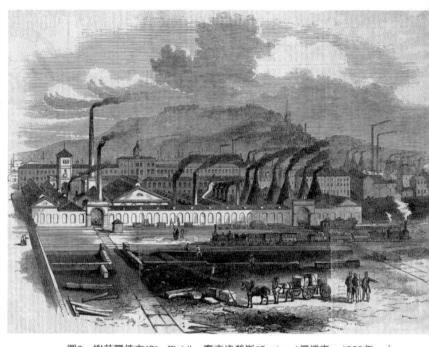

圖6 謝菲爾德市(Sheffield)，賽克洛普斯(Cyclops)鋼鐵廠，1853年：大型企業集中生產，也便於工人們組織起來

度日益加強，這一趨勢至今沒有任何停止的跡象。

　　隨着公司規模變得越來越大，公司的管理職能變得日漸繁雜，隨之出現更多的管理崗位和協會。如今有學者聲稱，一場「管理革命」正在改變工業資本主義的特徵。他們認為，管理職能的發展，連同股份制的擴展(許多股東只擁有少量股份，權力很小)，意味着現在是經理而不是股東在控制着公司。經理不再僅僅試圖將利潤最大化，而是將公司所有投資者的利益考慮在內。「管理革命」的說法看似有理，其實卻誇大了經理們的權力，因為股東掌控着公司，並且利潤率依然是「最重要的因素」。不過和從前相比，工業生產過程的管理毫無疑問變得更加有序。事實上，錢德勒(Alfred Candler)曾令人信服地指出，20世紀美國公司的優勢正是源自美國式管理的「組織能力」。從這個意義上講，資本主義變得越來越「管理有序」了。

　　隨着政府更多地介入階級關係管理以應對階級組織，資本主義在其他方面也變得更加管理有序。政府從鎮壓工人抗議變為吸納工人階級並代表工人階級，來對他們加以管理。在政治領域內，吸納工人的策略所採取的形式是擴大選舉權，這在1867年表現得更為突出；隨後各大政黨為了爭奪工人手中的選票又展開競爭，這一做法導致工黨直到20世紀才最終誕生。1906年，工黨才正式成立，而在歐洲的其他國家，同類政黨早就出現。在工業領域內，19世紀70年代，工

會獲得了一定的法律保護，儘管當時僱主們偶爾還是會通過法律途徑控告工會。直到1906年《勞資糾紛法》(Trade Disputes Act)頒佈，工會才獲權免於被民事起訴。

國家政府也更多地負起責任，更加關注民眾的福利。這一過程始於19世紀中期的公共健康措施，但直到一戰之前的十年，現代福利國家的雛形才開始出現，國家提供了養老金、失業救濟、傷殘救助、哺乳期福利、重病救助、免費醫療等一系列福利制度。20世紀40年代，隨着免費中學教育的開展、國民醫療保健服務體制的創立、提供全面保障的各項救助的進一步擴展，福利國家的建設就此完成。就業對於福利而言至關重要，20世紀30年代大蕭條的經歷使得維持「充分就業」成為戰後英國歷屆政府的首要政務之一。

不僅教育和醫療脫離了市場，其他重要的工業和服務也是如此。這一過程始於19世紀最後25年地方性的「市政社會主義」運動，它將煤氣和水的供應收歸國有，並且提供了公共所有的城市交通。1890年頒佈的法律給予市政議會建造房屋的權力，由此開始了政府提供住房的做法。電話公司的公有化開始於1892年。隨後在20世紀，電力、廣播、民航、鐵路、採礦以及數不勝數的其他工業都由政府創立或者接管。上述「國有化」舉措，大部分並非出於贊同公共所有權的好處的社會主義思想，而是出於民族主義思想：一

方面認為關鍵服務行業的所有權理應公有，另一方面則擔心部分嚴重分裂或落後的行業效率低下，無法實現自身的現代化。

在上述過程中，對工人階級的政治吸納、工黨的興起以及社會主義思想很顯然扮演了重要角色，但國際衝突也是驅動力之一。國家福利的突飛猛進發生在一戰之前的十年，它所反映的不僅是政府對工人階級的政治吸納，還有對布爾戰(Boer War)爭期間英國士兵糟糕的身體狀況的憂慮，以及對德國國家福利迅猛發展的了解。一戰造成國家對經濟的大面積管制，儘管隨後這些管制又被解除，但戰時的這一做法為後來國有制的擴展提供了重要先例。一戰也推動了階級組織的大發展，工會和僱主都首次發展出了中央集權化的全國性組織，以便影響政府的決策，後者已經全面參與到經濟管理活動之中。

在20世紀上半葉的國際衝突背後隱藏着帝國間的爭鬥，它催生了管控型資本主義的許多特徵，但帝國與管控型資本主義的關係並不僅限於此。在工業資本主義從英國擴散到其他國家之後，國際競爭日漸加劇，自由貿易最終被保護主義所取代，20世紀30年代，保護主義政策達到巔峰。通過建立一個帝國，並且將它與經濟對手隔離開來，可以保護市場，並且維持原材料的廉價供應。保護還使僱主得以與工會達成妥協，在面臨來自擁有更高生產率或更低工資水平的

其他國家的競爭時，如果沒有國家保護，勞資雙方間的妥協不可能達成。

關於這個論題，有兩點必須澄清。首先，我並沒有認為帝國的建立僅僅是出於經濟原因，我的觀點是，帝國使得基於階級組織和階級妥協的管控型資本主義的發展成為可能，尤其是在英國。其次，我所說的帝國，不僅意味着在帝國政府治下的殖民領土，還包括英國公司及金融資本所主宰的地區。事實上，英國在經濟上從它在拉美各國的投資中獲益更多，那些國家不是英國的殖民地，但卻受到英國金融資本的控制。

二戰後的二十多年裏，管控型資本主義達到巔峰。在20世紀40年代，福利國家完全建立，國有化的最後一次浪潮出現，儘管到20世紀70年代的時候，還有一些病入膏肓的公司被收歸國有。公共住房的規模不斷擴大，到1979年的最高點時，竟有三分之一的英國家庭住在公共住房裏。20世紀六七十年代的政府與工會和僱主進行協商，聽取他們對政府政策的意見，作為交換，他們在執行政策時需要予以配合。通過這一辦法，政府嘗試管控價格和收入。政府還設法採取反周期性政策以維持就業率。平等問題在政治上很受關注，尤其是與教育、稅收、福利相關的平等問題。

無序型資本主義明顯的缺陷和激烈的衝突催生了特徵鮮明、自成一體的「管控型資本主義」，後者在

組織、制度及意識形態方面與前者形成鮮明對比。資本主義第二個階段的形成得益於大型企業的成長、階級組織的發展、政府與階級組織間的統合關係、政府的介入與管制、國家福利以及公共產權的擴展，這些過程緊密關聯並相互作用。它們的共同點在於降低市場關係在民眾生活中的重要性，這反映出人們普遍反對市場力量所造成的趨利忘義的負面影響，正是此種負面作用在資本主義突破發展時期對民眾生活產生了日漸重要的影響。不過，資本主義自身的發展並不足以解釋管控型資本主義的發展。當時的國內和國際環境允許並協助這些過程的發展，因為在這一階段資本主義是在民族帝國內部組織起來的。

重新市場化的資本主義

20世紀60年代，福利國家、政府與主要利益組織間的統合關係以及普遍的公共產權成為英國社會為人所熟知的特徵。管控型資本主義的結構與價值觀已經發展了至少一個世紀，看起來還將在可預見的將來繼續發展。當然，管控型資本主義也有批評者，來自右派和左派的批評都有，但在60年代末之前，它一直沒有遭到主流政治人物的嚴肅拷問。然而，到了70年代，管控型資本主義制度崩潰，80年代，一種以市場力量復興為核心的新的政治理念對於國家政策產生了重大影響。

為什麼管控型資本主義制度會崩潰？原因之一在於它所採取的統合制度最終沒能奏效。政府試圖管控價格和收入，但卻一再失敗，因為它們需要工會、僱主和政府各方通力合作，但這種合作的嘗試要麼遲遲未能實現，要麼難以操控。當政府採取更為強硬的脅迫政策時，它們遭遇到了無法戰勝的聯合抵抗，此種抵抗對於政府自身而言可能是致命的。1974年，保守黨政府無力應對礦工反抗政府收入政策的大罷工，這直接導致了保守黨在選舉中的失敗。1979年，工黨在經歷了一個「不滿的冬季」後，在大選中失敗，當時它提出的收入政策在一波公共事業罷工後難以為繼。

　　當時有論者提出，管控型資本主義遭遇失敗，原因在於英國工業關係在組織形式上的特殊缺陷。考慮到英國的工會和僱主的組織形式都缺乏中央集權，處於無序狀態，這種說法頗有道理。工會和僱主組織的結構形成於19世紀，並沒有適應經濟與社會變遷。而且，統合制度看起來在瑞典運行順暢，因為那裏有中央集權程度更高的、對稱的、起作用的結構，不過如下一章所示，到了20世紀70年代，瑞典的制度同樣遭遇到困境。除了英國制度的無序本質之外，管控型資本主義還存在其他問題。

　　真正的問題在於日漸激烈的國際競爭向舊工業社會施加了越來越大的壓力，20世紀70年代的經濟危機又加劇了這一壓力，對此我們將在第六章進行分析。

僱主們做出的反應是減少勞動力成本，這意味着降低工資、裁員、提高生產率，所有這些舉措都不受工人歡迎，遭到了工會的抵制。隨着管控型資本主義的發展，工會會員人數增加，權力也加大，從而處於強勢地位，敢於抵制在他們看來與工會成員利益相違背的變革。

舊工業社會的管控型資本主義制度使得這些社會能應對工業資本主義所產生的許多問題，並在資本所有者和勞動組織之間達成切實可行的妥協政策。但正如上文所述，管控型資本主義發展的條件之一是國民經濟與國際競爭相隔絕。隨着帝國的衰落和自由貿易的發展，國家間的隔絕難以繼續。國際競爭加劇，管控型資本主義制度承受着無法應對的壓力。

在價值觀和工作重心方面也發生了更大範圍的改變，這一變化顯示出對於管控型資本主義的普遍反對。有跡象表明，對高稅收的反抗日漸增多，對於依靠稅收提供資金支持的公共服務所擺出的「愛用不用」的態度，不滿情緒也日漸滋生。這些服務並沒有提供消費者所期待的選擇或快速積極的反應。儘管在20世紀70年代失業率一直增長，但民眾更為關心稅收和物價，而不是工作。原本對於福利、平等、就業等管控型資本主義制度核心價值觀的集體關注讓位於更具個性化的自由和選擇。

這些變化不僅部分解釋了管控型資本主義的衰

落，而且也有助於說明資本主義在20世紀80年代的轉型方向。管控型資本主義同時遭到左派和右派的批評，但在80年代，右翼的選擇最終佔據上風。信奉個人自由和市場自由運作的「新自由主義」思想主導了當時的意識形態和政策。新自由主義試圖反撥管控型資本主義的方向，引導英國社會恢復資本主義早期的活力。70年代，新右派的領袖基思·約瑟夫(Keith Joseph)提出了新自由主義的主要思想，隨後在80年代，戴卓爾政府將這些思想付諸實踐，90年代的新工黨也跟着採納了這些思想。

在保守黨於1979年大選獲勝之後，凱恩斯主義——通過政府對經濟的管控和公共支出維持高就業率——連同統合主義策略宣告終結。很明顯，政府的側重點從維持高就業率轉向了控制通脹。政府不再就政策向全國性的工會組織和僱主聯合會諮詢，勞資雙方的代表發現他們被排除在國家機構之外。右翼政府將工會代表排除在外，置之不理，這毫不奇怪。但是令全國性僱主聯合組織英國工業聯合會的總理事感到震驚的是，當他在1980年見到戴卓爾夫人時，他同樣遭到了冷遇。對於統合關係的拒絕切斷了勞資雙方與政府的緊密聯繫。

通過以多種辦法「讓國家勢力回退」，市場的力量得以復興。通過限制福利支付(尤其是失業救濟的支付)、用貸款取代直接撥款(例如教育開支)、增加收

費等方法，福利支出得到削減。儘管如此，國家開支在總體上沒有減少，因為失業人數增加帶來了更多的社保開支。稅收在總體上也沒有削減，而是從收入稅轉為間接稅，這一轉變據稱至少給予了民眾更多的選擇，因為他們可以不購買帶有這些稅種的商品。

公共事業與服務通過各種形式的私有化回歸市場。最簡單的形式是將公共企業出售給私人。根據葉金和史坦尼斯洛(Yergin and Stainslaw)的統計，截至1992年，三分之二的國有行業，共計46家主要機構，近90萬名員工，都以這種方式被出售。公共住房也大規模被出售，政府立法授予住戶購買所居住房產的權利。另一種私有化的形式是「強制競爭性報價」。這一做法要求公共機構就其所提供的服務接受私人報價，並將合同給予最具競爭力的報價者。以1983年為例，所有的地區醫療部門被要求引入競爭性報價機制來提供清潔、洗衣、飲食等服務。原有的「內部」供應方可能贏得合同，但要想獲勝，它必須表現得像是一家私人公司。

其他公共事業無法按照這些方式輕易轉為私有。但是，它們可以被要求表現得像是在市場上進行競爭。因此，雖然醫療和教育行業的徹底私有化在政治上無法做到，但是醫療和教育領域內部市場的形成迫使中小學、高校、醫院等相互競爭。與此同時，醫療和教育領域(還包括養老保險)的私人機構得到了資金支

持和鼓勵。整體而言，監獄並沒有私有化，但是在20世紀90年代，一些監獄接受私人管理，因此在公共管理和私人管理之間產生了競爭關係。

市場力量復興的另一途徑是去除或減少政府對經濟活動的管控。去除管控也有多種形式，比如解除對周日交易的限制、放鬆計劃管控和減少對商業電視的管控。這些措施或許對於金融業影響最大。

過去，金融業的慣例是不同的機構各自管理自己的領域，並維持不同領域的界限。以購房互助機構與銀行為例，兩者都經營貸款業務，但傳統上兩者在不同的市場上各自經營，相互並不存在競爭關係。金融功能的界限和行業的界限一樣，與新自由主義關於競爭最大化的思想相衝突，儘管在國際競爭的壓力下，原有的金融體系正在逐漸解體。倫敦的金融機構正在與紐約等其他金融中心爭奪資本。國際間障礙的消除，尤其是1979年匯率管制的廢除，使得外國銀行有了更多在倫敦開展業務的自由，英國銀行同樣也有更多到國外經營的自由，這些做法加劇了金融業的競爭壓力。我們在第一章曾提到的巴林銀行試圖利用金融自由進行投資，卻造成了災難性後果。

但必須強調，儘管解除管控的變化確實發生了，卻並不存在整體上的解控過程。安德魯·甘貝爾(Andrew Gamble)曾強調，自由經濟需要強勢政府。市場力量的復興事實上增加了政府管控。戴卓爾夫人執

政時代的眾多例子足以證明這一點。

如果政府壟斷只是被轉成私人壟斷或者私人公司被允許操縱市場，那麼僅僅靠私有化不足以激勵市場競爭，因此政府組建了一系列新的管制「辦公室」，如燃氣辦公室(Ofgas)、電訊辦公室(Oftel)和水務辦公室(Ofwat)等，以管制天然氣、電訊和水資源市場。

另一方面，工會被認為妨礙了勞動力市場的自由運作，因此被迫接受了前所未有的法律管控。工會組織在20世紀60年代和70年代挫敗了工黨和保守黨政府的改革企圖，但到了80年代，它們被迫屈服。現在對工會組織進行管制的法規規定了懲罰性的制裁措施，某個組織一旦違反，不僅會被罰款，而且會喪失資金來源、辦公場地，甚至全部資產。80年代，工會遭受了來自政府的沉重打擊，尤其是1984年至1985年的礦工罷工由於政府應對有方而遭到失敗。罷工之前，政府增加了煤炭儲備，並調撥大批警力以阻撓工會的糾纏策略，將礦工送上了法庭。根據珀西–史密斯和希利亞德(Percy-Smith and Hillyard)的統計，共有超過4,000人遭到起訴，主要罪名為破壞公共秩序。

中央政府也對地方政府加強掌控，從而控制整個政府開支，並迫使地方政府進行服務部門私有化。在教育和醫療領域，新的國家機器建立起來，以改善並監督服務質量，提供行業運行的相關信息。事實上，中央政府對地方政府、教育和醫療部門以及工會的控

制力，超過了之前英國和平時期的任何階段，其實國家勢力根本沒有「回退」。

所有這一切並不僅僅是保守黨政府上台的結果，它反映了資本主義發展的新階段，工黨上台後延續新自由主義政策的做法也說明了這一點。必須承認，工黨的政策與戴卓爾夫人執政時期有所不同，比如引入最低工資，授予工會組織參與工資談判的權利，將部分鐵路改回國有等。但是，最低工資制度只是設立最低水平，而大多數用來管制工會的法規都被保留，私有化進程繼續進行而不是逆轉。事實上，工黨探索了複雜且新穎的方法，通過公私合營的方式，即吸收私人資本和私人管理進入公共事業，將私有化引入新的領域。因此，私人公司接管了「不合格的」學校，甚至「不合格的」地方教育部門，並對其進行管理。

工黨的「國民醫療保健服務」計劃很好地說明了它的辦事方式。儘管工黨對保守黨引入的內部市場進行了猛烈抨擊，並且據說要廢除內部市場，但在工黨2002年提出的「國民醫療保健服務」計劃中市場機制的作用非常明顯。病人的選擇處於該計劃的核心，病人及其治療醫師將最終選擇何時何地進行治療，他們甚至可以選擇私立醫院或國外醫院。由於資金支持將追隨病人，醫院將承受爭奪病人的壓力。計劃著重強調通過解除集中化、獎勵、「根據結果支付」等辦法使病人獲得更好的服務。

圖7　回退：1984年，政府調用警力挫敗礦工

但是，所有這一切對於市場機制的依賴並不意味着是市場而不是國家在掌控「國民醫療保健服務」。國家臨床技術研究院將確保醫院使用最具性價比的治療方案。全國服務框架體系將設定治療的標準。醫療審計與監督委員會，號稱「超級醫療管制機構」，將監督醫療服務，對醫護信任度打分，並且受理投訴。社會護理監督委員會將規範老年人的護理和照顧。所有這一切，連同其他數百個目標，都被列入了政府發佈的「國民醫療保健計劃」。

　　新工黨早已偏離了以往的社會主義思想，工黨價值觀的關鍵變化顯示了偏離的幅度。隨着新工黨遠離傳統的社會基礎(即工會)，它從集體主義轉向了個人主義。工黨熱切關注教育及醫療領域內的消費者選擇，也說明了這一點。工黨還進行了一些再分配調整，尤其是採取了改善貧困兒童狀況的措施，但是在20世紀80年代不斷增長的收入分配不公現象並沒有得到緩解，事實上收入差異進一步加劇。原先的平均主義再分配機制試圖借助政府力量將資源從富人轉向窮人，但在工黨治下，這種再分配機制很大程度上被一種更富個人主義色彩的分配方式所取代，窮人得到更多發揮他們潛力的機會。重要的是，現在探討不平等時，指的不再是財富或收入差異，而是指准入資格。正如安東尼・吉登斯(Anthony Giddens)所說：「新政治將平等界定為包括在內，將不平等界定為排除在外。」

資本主義的轉型

在本章中，我們審視了資本主義的兩次轉型。關於資本主義，我們能從中學到什麼？

第一次轉型是從無序型資本主義轉變為管控型資本主義，它表明有可能保護民眾至少避開市場力量所造成的最糟糕的結果。工作條件可以得到管制，並且工人們可以通過集體組織限制僱主的權力，並協商工資和工作條件的改善。福利成為國家事務，國家將一些關鍵行業從市場收回，從而使所有公民都得以享受平等服務。政府試圖在國家與工會和僱主組織之間達成合作，從而對經濟進行管理。資本主義可以得到管制，即使那些嘗試這麼做的人時常把事情辦砸了，他們有時屈服於強大的資本所有者所施加的壓力，或者乾脆沒能兌現他們的承諾。

但是，管控型資本主義所面臨的首要問題是，在限制和替換商品及服務的市場供給時，它也在削弱資本主義經濟的核心機制。當20世紀70年代國際競爭和經濟危機不斷加劇，對舊工業社會施加了沉重壓力時，管控型資本主義逐漸失去效力。破壞管控型資本主義的另一因素是日漸增長的個人主義，它更強調消費者選擇和市場供給。有人呼籲重拾過去時代的價值觀和生命力。

第二次轉型是市場力量得到復興，但整個國家並沒有「回退」，因為市場機制只有在政府干預和管制

的背景下才能運行。事實上，根本不存在某個市場佔據統治地位的歷史階段，這樣的說法純屬想像，因為在無序型資本主義時期，國家通過維持秩序，在資本主義正常運作過程中起到了關鍵作用。事實上，在資本主義發展的最新階段，即重新市場化的資本主義，國家管制大幅度加強已經成為該階段的典型特徵，相比管控型資本主義時期，當前的國家管制範圍更廣。

重新市場化的資本主義為個人提供了更多選擇和更多自由，但也使得生活變得更不確定，工作壓力增大，不平等現象加劇。無論是對於消費品、媒體渠道、假日旅遊或者學校，不可否認現在有了更多選擇。但是，未來變得更為不確定，尤其是民眾生活的關鍵領域，如就業、住房和養老金。生活的不確定性，加上工會組織的弱化，削弱了被僱傭者抗拒僱主的勞動要求的底氣，由於日益激烈的競爭以及國家更為嚴密的管控，僱主要求他們更好地完成更加艱巨的工作。一部分人身陷低工資的職業，面臨不確定的未來，一部分人則能夠抓住新的機會積聚財富，這兩類人之間的差距越來越大。隨着管控型資本主義的發展，個人自由曾以換取更多平等的名義被削減，但是在重新市場化的資本主義時期，平等和保障被捨棄了，以換取自由和選擇。

尚無跡象顯示在不遠的將來會發生此類變化，但不能就此認定這就是資本主義發展的最終階段。如果

説此刻市場看起來無懈可擊，管控型資本主義在當時也曾是如此。如果說管控型資本主義存在許多弱點和缺陷，重新市場化的資本主義同樣如此，因為不平等和不確定性將產生新的缺陷和壓力，從而催生變革。而且，正如我們將在第六章中看到的那樣，不穩定和一再出現的經濟危機一直伴隨着資本主義發展的這一最新階段。重新市場化的資本主義並沒有解決資本主義社會的問題。

第四章
全球各地的資本主義都一樣嗎？

　　隨着管控型資本主義在不同社會獲得發展，它採取了不同的組織與制度形式，但在20世紀70年代的危機之後，資本主義的新自由模式在思想和意識形態領域佔據了主導地位。這一模式看起來正推動所有的社會朝向新的以市場為基礎的統一範式發展。這是否意味着資本主義在世界各地變得一模一樣？抑或管控型資本主義的國際間差異一直存在，並保持了資本主義社會的多樣性？本章將審視瑞典、美國、日本三種截然不同的管控型資本主義體系的發展與轉型。

瑞典式資本主義

　　在上述三個國家中，瑞典的管控型資本主義更接近英國模式。和英國一樣，瑞典有着強勢的工人運動、高度發達的福利國家體系以及工業化過程中最少的國家干涉，不過相比英國，瑞典在發展有效運作的管控型資本主義方面更為成功。

　　瑞典進行工業化時的社會環境與英國相差甚遠。瑞典的工業化開始較晚，因為瑞典人口不多，國內市

場很小，又沒有海外帝國的市場及資源。因此，瑞典工業依賴出口，要想存活就必須具備高度競爭力。事實上，有論者提出，競爭壓力迫使瑞典的工會和僱主通力協作，這就解釋了「勞工和平」現象，後來瑞典以此現象而聞名。

這種觀點不合實際，因為在瑞典工業資本主義的早期發展中存在着激烈的階級衝突。1909年，瑞典的一場大罷工持續了5個月，而1926年，英國的一場大罷工僅僅持續了一個星期。相比之下，英國的這次罷工更像是一場展示紳士風度的板球比賽。導致1909年大罷工的原因是不斷升級的衝突，因為勞資雙方都在擴張勢力以求壓倒對方。在工會中，社會主義者起到了重要作用，在瑞典工業化的特定背景下，他們創造了工人階級強大、統一的工會組織。瑞典僱主們對此的反應則是建立權力高度集中的全國僱主聯合會，它迫使工會也採取相應的集中措施。瑞典社會普遍信奉路德派新教，不存在民族分歧和宗教分歧，個人主義思想的影響力薄弱，這一社會現狀或許有利於產生強勢的階級組織，但背後的驅動力還是階級衝突。

階級合作源自階級衝突。強勢組織的發展使得瑞典有可能堅定地採取管控型資本主義的統合形式，絕大部分管理被委派給中央組織。20世紀50年代和60年代，英國政府竭力想讓全國性的工會組織和僱主承擔起限制工資的責任，而瑞典政府卻只需把這個任務留

給這些組織去主動完成。事實上，瑞典獲得「勞工和平」的聲譽，主要原因在於這些強大的組織對於其會員所施加的控制。因此，正是瑞典國內激烈的階級衝突為有組織的階級合作以及和平的勞資關係創造了條件。

強勢且統一的工人組織也為社會民主黨從1932年到1976年的長期執政奠定了基礎。該黨在30年代採取措施緩解了失業壓力，並且較早採取了凱恩斯主義的政策，由此奠定了聲譽。後來該黨還以高稅收和累進稅制作為資金來源，創建了先進的、廣泛的福利國家體系。

國家福利只是工人運動集體政策的一個方面。它還通過「團結一致」政策，努力消除不平等。「團結一致」政策顯著縮小了工資差異，在20世紀60年代和70年代，高收入者和低收入者的平均水平差距減少了一半。在70年代，政府還廣泛立法，保護勞動者在勞動場所的權利，使其在公司政策制定時獲得發言權。這樣的政策並非僅僅出於意識形態需要，還是社會民主黨策略的一部分——通過在包括工人階級和中產階級在內的全體員工中建立共同利益和身份，以增強工人運動的組織性和政治力量。

所有這一切並不意味着社會民主黨統治下的瑞典正變成非資本主義社會。工人運動的領導者意識到，福利不僅僅取決於社會主義思想和工人階級組織的力量，也取決於處於動態變革之中的資本主義經濟體的

運作，它必須能參與國際競爭，並擴大國內市場的容量。瑞典經濟政策的核心原則之一就是無法贏利的公司應該被准予破產，它的資源從而可以被轉移到其他能夠贏利的經濟部門。在這方面，瑞典工人相比英國同行受到的保護更少；在英國，政府會介入並拯救陷入困境的公司。而且，工會控制的勞動力市場政策並沒有保護工人待在同一工作崗位，而是對其進行再培訓，幫助工人變得更具流動性。

瑞典的經驗表明，社會民主黨創立的福利資本主義制度切實可行，瑞典迴避了戴卓爾主義這一事實也證明了這一點。20世紀70年代，瑞典的工業衝突加劇，並面臨着經濟危機。事實上，當時個人主義思想在瑞典勢力漸長，並且在政治上轉向右翼，1976年至1982年間出現了六年的「資產階級」政府，這一切看似與英國的情況相近。但是，瑞典的右翼早已分裂為三個黨派，無法有效合作以執行戴卓爾式的轉型。隨後社會民主黨重新執政，經濟形勢也開始好轉，這一切似乎表明瑞典模式經受住了考驗。

這不過是幻覺，因為瑞典模式最核心的統合協作現在已經處於崩潰狀態。中央集權化的組織造成了自身內部的緊張關係，不僅在中心與邊緣之間，而且在勞動力的不同部門之間也是如此。隨着白領和公共部門員工人數的增長，中央集權的工會組織不可避免地將這部分人員也包括進來，由此產生了各種強大的組

織並相互競爭，而瑞典式的工資協商所採取的集中化結構無法控制這些競爭，甚至可以說反倒加劇了競爭。集中式的工資協商耗費更多時間，變得更複雜，衝突更多。在這個過程中，瑞典的僱主們徹底疏離了中央合作制度。

另一些變化同樣造成了他們的疏離。在20世紀60年代，工人們對瑞典不斷變革創新的資本主義制度對於他們的工作崗位與工作條件所產生的衝擊非常不滿。業已消沉的激進主義重新浮現，要求在工業及經濟領域內實現更多民主。這一思想在別出心裁的麥德納計劃(Meidner Plan)裏體現得最為淋漓盡致，它試圖將工業所有權逐步從私人資本手中轉移到由工會所控制的基金名下，不過最終立法通過的版本經大幅度篡改，失去了激進本色。社會民主黨的領導層不想破壞推動瑞典經濟增長的資本主義引擎。不過，這個計劃還是對工人組織與僱主間的關係造成了嚴重破壞。

建立於20世紀30年代的勞資雙方爭端解決機制就此終結。在80年代，主要的僱主組織展開了一場大範圍的反擊，重新提倡個人主義及資本主義社會的價值觀。為去除工資協商中的集中化方式，回歸個人主義，僱主們發起了一場運動。1990年，僱主們最終退出了曾經幫助縮小工資差異的集中式工資協商。他們的策略從以統合的方式在政府機構中體現他們的利益轉為更多使用政治影響和游說。統合主義在瑞典逐步

瓦解，不過與英國的情況不同，這一轉變在瑞典是由僱主們而不是由一個資產階級政黨完成。

20世紀80年代後期，當瑞典政治朝新自由主義方向發展時，瑞典社會已經出現了有限的重新市場化。福利資本主義制度催生了大規模的公共事業、高額的公共支出、高額的政府財政赤字以及具有通脹傾向的工資協議，這些顯然減弱了瑞典的競爭力。商業領袖們警告說，除非做出改變，否則他們將不得不將業務遷出瑞典，而社會民主黨的領導層也意識到，工業競爭力正在減弱。匯率控制被解除，金融市場管制被取消，私人資本被引入國有行業，地方政府的服務越來越多地由商業機構提供，福利和政府開支被削減，稅收更多地改為間接稅的形式。

20世紀90年代早期，大難來臨。80年代累積的經濟危機終於到來，國民生產總值在1991年至1993年間減少了5%，而失業率則躍升到自30年代之後從未有過的水平。社會民主黨無法應對危機，於1991年大選時落敗。隨後開始了由瑞典最右翼政黨執政三年的「資產階級」政府。這意味着進一步削減福利，並在社會服務方面引進更多的市場機制。當社會民主黨於1994年重新執政時，也不得不削減福利開支以應對高額的政府赤字。在20世紀80年代，許多人認為瑞典的例子證明，社會民主黨的選擇依然是可行的，但是90年代初的情況似乎說明，這一選擇行不通。

關鍵問題是怎麼來比較。如果將21世紀初的瑞典與20世紀60年代和70年代的瑞典相比，那麼毫無疑問，強調集中化合作、福利資本主義以及促進平等的「瑞典模式」已經衰落。和其他社會發生的情況一樣，在20世紀80年代，瑞典開始出現越來越多的不平等狀況。但如果將瑞典的資本主義與同時代其他地區的資本主義制度相比較，你會發現有許多非常重要的差異，其中一部分差異還在加劇。

　　集中化的工資協議不復存在，但取代它的是僱主與工會團體間達成的行業性協議，這表明瑞典的工資協商依然是經過高度協調後達成的。工會入會率已經下降，但在國際範圍內依然高得驚人。2003年初，有81%的員工加入工會，與之相比，英國在近幾年的入會率只有約30%。瑞典與英國之間的差距事實上在拉大，因為英國的入會率下降速度遠遠超過瑞典。

　　瑞典的福利國家特徵依然鮮明。經濟合作與發展組織(OECD)對於國家福利的總體測算顯示，1981年，英國與瑞典大致處於同一水平，隨後在80年代，隨着英國對福利進行大幅削減，而瑞典儘管有所削減，但大體保持原狀，兩國間拉開了巨大差距。杜文‧斯旺克(Duane Swank)回顧了近期關於瑞典福利國家制度所做的研究，他的結論是，「瑞典的福利國家制度與其他奉行新自由主義政策的國家的制度相比，即使有重合之處，也不會有很多」。

而且，瑞典的做法沒有遵循新自由主義模式，卻與本國的經濟復蘇和切實可行的資本主義制度相適應。20世紀90年代初，瑞典的確經歷了艱難的經濟危機，但此後經濟就開始復蘇。失業率從90年代初的超過10%降到2001年的4%。2002年經濟合作與發展組織所作的「瑞典經濟調查」得出結論，「總體而言，經濟運行良好」。

　　那麼，關於資本主義，瑞典的例子究竟告訴了我們什麼？它表明，在某些情況下，資本主義所產生的勞資衝突可以為集中化的階級合作以及統合管理與福利資本主義的運行體系提供基礎。它還表明，這樣的體系最終無法抑制勞資雙方之間以及不同產業勞動力之間的衝突，最終這些衝突將導致該體系的癱瘓。日漸激烈的國際競爭和全球經濟一體化使得這樣一個高成本的體系無法維持。資本主義經濟危機被推遲，但無法避免，瑞典在一定程度上不得不遵從國際性的新自由主義趨勢。但是，所有這一切並不意味着，在管控型資本主義時期所建立的結構和制度都將消失。瑞典式資本主義的復興並沒有消除它的集體主義特色，這一特色保持至今，並且證明它可以與經濟增長相適應。

美國式資本主義

　　美國式資本主義具有鮮明的個人主義特色，就意識形態和組織形式而言，處於另一個極端。美國的工

業化發生在一個權力分散、個人化的社會裏，這裏的民眾普遍相信，依靠進取心和積極性能取得成功。美國不存在貴族階層，18世紀的美國革命所確立的政治和民事權利激勵了這樣的信念。工業資本主義的興起確實導致了工會的出現，但這些主要是只關心自身利益的手工匠人的組織，它們不關心階級組織或者整個社會的社會主義式轉型。

在這種背景下，商業股份公司取得了繁榮，孕育出公司型資本主義，而不是統合型資本主義。在其中，商業股份公司，而不是階級組織，起到了主導作用。巨大的美國國內市場支撐着大型公司的發展，到了19世紀晚期，相比其他國家，美國產權集中化的程度更高。起初，集中化採取「水平」兼併的形式(比如洛克菲勒家族(Rockfeller)的標準石油公司(Standard Oil)以操控市場。但是，到了20世紀，成為主宰形式的是「垂直」一體化公司，它將一個產品生產和銷售過程中的各個階段都集合在一起，從而在競爭中確立牢固、穩定的地位。

美國是「管理革命」理論的發源地，第三章對此已作過簡略討論。阿爾弗雷德·錢德勒(Alfred Chandler)令人信服地提出，美國公司的經理們在公司發展期間被允許「將工作進行到底」，這很大程度上源自他們傑出的「組織才能」，儘管這種說法低估了公司所有人的權力。錢德勒將美國式管理與英國公司

的所有制作了比較。美國公司總是將利潤用於進一步投資與發展，而英國公司的產權方式更為個人化、傳統化，它們更關心股東的分紅，而不是長期投資。

與商業公司的集中化相呼應的是美國工會理念的鮮明特色。這主要是一種「商業工會理念」，它關心的不是社會轉型，甚至也不是作為整體的勞動者的集體利益，而是為工會成員爭取最有利的合同。這不僅意味着高工資，而且也包括額外福利，如帶薪休假、保險和醫療。二戰之後，這種理念更為明顯。商業工會理念不僅反映了商業股份公司在美國的主導地位，而且也折射出美國工人階級內部的分歧。美國工會理念代表着白人男性勞動者的利益，它被富有階級意識的、體現社會主義思想的歐洲工會視為一種叛離形式。美國的工會入會率在巔峰時也僅僅只有三分之一，到了20世紀50年代已開始下降，儘管在20世紀50年代和60年代，工會還能做到按照會員的意願行事。

正如附加福利的重要性所顯示的那樣，一些在歐洲由政府負責提供的福利，在美國則是由公司提供。的確，「福利資本主義」一詞，通常被用於描述不斷變革的資本主義制度與先進的福利國家制度的結合，但是在美國，它指的卻是公司的福利措施。這並不是說，美國不存在國家福利的發展，但美國的國家福利僅僅為窮人提供零星的保護，真正的福利則是公司或個人的責任，並由私人服務通過市場機制完成。

如果認為美國的個人主義思想和自由市場意識形態將國家排除在經濟生活之外，這種想法同樣是錯誤的。恰好相反，商業公司的壟斷傾向意味着，如果想要維持競爭並保護消費者利益，那麼經濟生活就需要管制。19世紀晚期，「反托拉斯」運動出現，1890年的《謝爾曼法案》(Sherman Act)宣告任何「限制貿易或商業」的行為或組織非法。這並沒有阻止擁有強大實力的公司繼續發展，但這些做法的確造成了一定的影響，尤其是迫使標準石油公司解體，並且也產生了一整套具有美國特色的專用於反托拉斯立法與執法的國家機器。國家介入經濟生活的原因，並不是像歐洲那樣為了階級鬥爭，而是為了維護競爭。

20世紀30年代，美國的政府干預看起來更接近歐洲的做法。為了應對大蕭條，富蘭克林‧羅斯福(Franklin Roosevelt)的「新政」(New Deal)設立了雄心勃勃的救濟和福利方案，並最終採取了凱恩斯主義的經濟政策。「新政」與大公司在以下幾個方面陷入了嚴重衝突：「新政」的稅收提案、「新政」提供的廉價電力供應(部分通過國有的「田納西流域管理局」)、「新政」繼續對壟斷趨勢進行的「反托拉斯」攻擊與「新政」立法保護工會的舉措。

政府授予工會組織和集體協商的權利，政府還組建了「全國勞動關係委員會」以貫徹這些權利。隨着「產業組織委員會」(CIO)確立了更具包容性的工會理

念，並對美國的大規模生產行業加以組織，在1933年至1938年間，工會成員人數增加到原來的三倍。1938年，政府通過進一步立法，對工資和工作時間進行管制，並保護弱勢團體。

美國政府的聯邦制，以及權力在總統、國會和最高法院三者間的分割，給了反對派許多機會阻止或妨礙「新政」措施。此外，雖然「新政」推出了一大批機構和方案，但是它缺乏一致性，至少與歐洲各國更具意識形態色彩的方案相比缺乏一致性。「新政」依

圖8　「圍繞着羅斯福」：「新政」遺留的機構圍着他跳舞

賴羅斯福以及一大批改革者和管理者所付出的辛苦努力與精力，他們具備良好的意圖和充足的動力，但是缺少一個改革派政黨來支持「新政」，並將「新政」推向前進。作為羅斯福的政治基地，民主黨的確與工會結成了同盟，並支持國家福利方案，但它並不是「工黨」，黨內有些人對工會和「新政」持有敵意。

1947年頒佈的《塔夫特–哈特利法案》(Taft-Hartley Act)大幅度削弱了工會的力量和權力，從而部分地廢除了20世紀30年代對勞工有利的立法。國會不顧羅斯福的繼任者哈里‧杜魯門(Harry Truman)的反對，通過了《塔夫特–哈特利法案》，這也說明了缺少政治臂膀的工人運動的弱點。在20世紀50年代，美國的工會組織已經面臨着對於它們行為的種種限制，而英國的工會直到80年代才遭遇類似限制。

在其他方面，「新政」之下的管控型資本主義在20世紀50年代和60年代繼續運行。30年代引入的社會保障立法和福利方案在50年代和60年代進一步擴展，特別是給予了窮人和老人享受免費醫療的福利。一直到70年代，在理查德‧尼克遜(Richard Nixon)的總統任期內，聯邦政府才開始嘗試對價格和收入進行控制。赤字財政繼續推行，不過不僅僅是因為凱恩斯主義經濟學成為新的信條，而且也是因為二戰和隨後的冷戰造成了巨額的軍費開支。工業領域中相當一部分部門的贏利能力，以及勞動力的就業和收入，取決於政府

開支。在美國，由政府引導的產業政策並不受人歡迎，但正如戴維·柯茨(David Coates)所說，軍事與工業聯合體的創建事實上就是這樣一種政策。商界反對政府干涉，卻接受政府資金。

儘管美國工業相比英國工業更具競爭性，但在20世紀60年代晚期和70年代，美國工業同樣陷入了困境，原因在於沿襲的僵化體制和加劇的國際競爭，尤其是來自日本的競爭。美國的工會組織理念、國家福利、國有產權都處於低水平，這意味着相比英國，美國所面臨的轉型壓力較小。美國向戴卓爾主義的轉變已經完成了一半，但還是有一半路要走。美國同樣經歷了一段轉型過程，儘管速度較慢，並且一路上不斷停頓，偶爾還走回頭路。

在20世紀80年代和90年代，美國社會同樣經歷了重新市場化。凱恩斯主義被廢棄，政府開支被削減，一部分工業被解除管制，一部分服務改為私有化，國家福利也被削減。20世紀70年代的通脹使凱恩斯主義政策名聲掃地。80年代初，列根(Reagan)政府試圖通過同時削減稅收和政府支出來刺激市場，不過利益集團抵制對政府開支進行削減，並且減少預算赤字是一個緩慢的過程。航空業率先解除管控，這標誌着與「新政」所倡導的行業管制傳統相決裂，隨後鐵路、公路貨運、電訊、電力等行業紛紛解除管制。鐵路的國有部分，以及許多國營的地方服務機構和監獄，都轉為

私有。一項「從福利到工作」的方案成為了英國新工黨效仿的對象，它限制了福利支付的持續時間，並迫使接受者從事低收入的工作。

和英國的情況一樣，這些變化伴隨着勞動力剝削的進一步加劇：工作強度加大，實際工資降低，工會力量削弱。20世紀80年代，工人們的工作時間延長，實際工資以每年1%的速度下降。工業企業將工廠向南方遷移，從北方的「舊工業地帶」轉移到南方的「陽光地帶」，隨後又進一步南移到墨西哥，以尋求更為廉價的勞動力。原有的精英主義的「商業工會」關心的是滿足其現有會員的切身需要，如今這些工會要麼在組織新的勞動力時遭到失敗，要麼乾脆就無法(在墨西哥)進行組織。到2001年，工會入會率降到只佔全部勞動力的13%，這是一個相當低的數字。不平等現象加劇，過着貧困生活的勞動者從20世紀70年代的約2,500萬增加到2002年的約3,500萬。

隨着20世紀初的「管理革命」遭到逆轉，在管理層也發生了同等重要的變化。資本流動性加強，股票市場投資變得普遍，金融服務業得以擴展，這些變化使公司的市場估價變得更為重要。根據近來流行的「股東利益」信條，企業管理的目標不再是對未來進行投資，加強公司建設，或平衡各方利益，而是通過增加利潤以達到股票價值的最大化。作為對提升公司股價的獎勵，經理們得到了股票期權，以激勵他們進

一步努力。一定程度上，管理革命曾將管理層與公司所有人分離開來，但現在他們日漸成為了公司所有人的一部分。

從20世紀80年代中期到90年代晚期，對勞動力的進一步剝削以及對股東利益的強調，提高了公司利潤。經濟有所增長，但並沒有持續太久。經濟增長的大部分動力來自信息和通信技術的迅速發展，但技術繁榮終究會停止。到90年代晚期，出口減少，經濟增長依靠國內消費需求的增長來維持，而這部分需求的資金來源於一股借貸消費的熱潮，它注定無法長期維持。公司及投資者對於股票價格的痴迷孕育出一種泡沫心態，它推動價格上漲到與收入和利潤不相匹配的水平，造成民眾對於他們的財富產生了錯覺，隨後當泡沫破滅時又突然將他們打回原形。不顧未來發展只盯住短期股價的做法，導致安然(Enron)和世通(Worldcom)公司以及華爾街先後鬧出金融醜聞，這些醜聞影響了投資者的信心，一味追求股東利益的行為也遭到了質疑(參見第六章)。

20世紀90年代，業界對於美國模式的優點充滿信心，如今這些信心業已基本消散，未來充滿不確定性。更多的政府開支，以及在伊拉克不斷增長的軍事費用和重建開支，加上稅收削減和更低的利率，或許能抑制經濟衰退，甚至促進部分經濟復蘇。但是，出口減少，政府開支增加，國內消費居高不下，這些情

況造成了高額的國際債務、公共債務和私人債務。這些債務，連同更高的失業率和上升的貧困率，為將來的危機埋下了隱患。

從一開始，美國資本主義的特徵就是信奉個人主義和市場力量，但是美國資本主義的發展，和其他地區的資本主義一樣，造成了勞動力的集體性組織、公司的集中化以及大範圍的國家管制等現象。美國的管控型資本主義不同於英國和瑞典的同類制度。在美國，集體組織的影響範圍較小，國家福利不夠普遍，反托拉斯立法更為發達。但無論怎樣，美國的確經歷了這一階段。

美國資本主義的當前階段反映了其歷史特性，但它不僅體現了美國資本主義所擁有的某些特點，它也是美國社會自20世紀70年代危機之後重新市場化的結果。相比世界其他地區，美國資本主義在重新市場化的過程中所遭遇的阻力更小，阻撓更少，並產生了更強勢的經濟增長，但與此同時美國也出現了最終破滅的經濟泡沫，並造成了嚴重的經濟與社會問題。近期出現的經濟復蘇看起來很脆弱，美國經濟在20世紀末的成功很可能會引發21世紀初一場新的危機。

日本式資本主義

日本式工業資本主義從一開始就屬於管控型。到19世紀中期，日本已經是一個高度商業化和企業化的

社會，但是還沒有實現工業化。在19世紀的明治維新之後，工業化作為整個國家戰略計劃的一部分由政府引導進行，其目的在於建設一個強大、獨立的國家，能抵抗正在入侵日本的西方列強。西方的個人主義和自由主義對於一些知識分子和政策制定者來說頗具吸引力，但對於日本的新統治階層來說則相當陌生，這些統治階層的成員都是民族主義官僚，接受的是日本式的儒家教育。

新政府實現日本工業化的最知名的辦法之一就是建立樣板國有企業，但這些企業並非總能獲得成功。一些企業，如八幡鋼鐵廠(Yawata Iron and Steel Works)，對於工業化過程起著至關重要的作用，但另一些則管理混亂，效率低下。因此，正如弗蘭克·提普頓(Frank Tipton)所指出的，國有棉紡織廠選擇進口只能帶動2,000個紡錘的水力機械，卻沒有投資購入能帶動10,000個紡錘的蒸汽動力機械，後者可以由技術熟練程度相對較低的工人來操作。國有企業陷入困境，到19世紀80年代，政府只得將那些不具備軍事意義的企業改為私有。

但是，私有化並不意味着日本的工業可以被視為獨立的私人公司。日本工業化的特徵之一就是出現了被稱為「財閥」的大型企業集團。有四大集團：三菱(Mitsubishi)、三井(Mitsui)、住友(Sumitomo)、安田(Yasuda)。這些集團均為家族所有，家族通過控股來

對其加以控制。在所有的工業社會都出現了公司集中化，但在日本，這一過程採取了一種特殊形式，每個財閥的經營範圍幾乎涉及日本的整個工業，它們擁有自己的銀行，有營銷自己產品的貿易公司。財閥與政府關係密切，到最後還為政府完成重要的殖民掠奪。

樣板企業並非政府推動經濟發展的最主要方面。政府消除了原本可能妨礙經濟發展的封建障礙與限制，創造了一個現代民族國家。日本首次成為統一的國家，對鐵路和船運業的大筆資金投入改變了交通的方式。造船業也同樣得到大量資金投入，到1939年，日本的船舶產量僅次於英國。國家還創立了銀行體系，對投資和貿易提供資金支持。起初日本嘗試了美國式的私人銀行，但隨後改為創辦歐洲式的央行和專業銀行，以滿足經濟不同部門的需求。

最終，政府保持了日本的經濟獨立。日本曾引入許多外國專家，但他們隨即被新式教育機構所培養的本土技術人才所取代。在日本成為強大的獨立國家之前，外國資本一直摒除在外。事實上，是日本的農民階層負擔了日本現代化的主要成本，他們所繳付的土地稅最初佔到政府收入的四分之三。日本也開始建立海外帝國，以求獲得受保護的市場及原材料。

日本是19世紀唯一成功進行工業化的非西方社會。它創造了特色鮮明的管控型資本主義，在其中政府扮演指導性角色，而公司的集中化採取了涵蓋整個

經濟體的工業集團形式。另一鮮明特徵是勞動力組織的軟弱。事實上，工人們試圖組織起來，並在工業繁榮、需要大量勞動力的一戰期間取得一定成功，但工人的努力遭到了僱主的強烈反對和政府的鎮壓。國家福利也不發達，部分是因為僱主寧願採取公司福利機制，將工人與公司結合在一起，從而使工人脫離工會組織。

二戰之後，日本經濟的上述特點得到進一步發展，當時日本的發展機器開始啟動，使日本成為世界第二大經濟強國。查爾莫斯‧約翰遜(Chalmers Johnson)指出，戰敗消除了軍事干涉和財閥的阻礙，事實上加強了國家引導經濟發展的能力。財閥先是解體，後又重建，這主要是因為冷戰導致以美國為主的佔領政府改變了它的政策。和德國的克虜伯(Krupp)公司一樣，三菱財閥如今變為了反共資源而不是法西斯的供給來源。重要的是，財閥的重建在日本通商產業省(MITI)的支持下進行，該部門專職負責制定日本的產業政策，它利用財閥對貿易、貨幣和投資的控制來發展未來的產業。

重建後的財閥與其他相似的企業集團一起發揮了重要的經濟功能。由於覆蓋整個工業，它們為跨越行業界限提供協調，但它們也參與激烈的競爭，這些競爭刺激了生產率的提高，增強了日本的國際競爭力。它們可以採取以擴大市場份額為目標的長期政策，因

為它們的重建建立在相互控股的基礎上，並且由銀行提供資金，從而緩解了股東們的壓力，不必過分追求分紅。這也意味着它們得到了保護，以免被國外資本或惡意收購者強行收購。此種所有權模式與公司內部的緊密結合有關，因為日本公司可以顧及員工利益，而不是尋求股東分紅的最大化。

在美國佔領日本的前幾年，工會組織迅速發展，這一事實說明，日本的工會組織由於文化原因而沒能壯大的說法並不正確。1946年1月，日本共有90萬工會成員，但到了1949年6月，會員人數超過了650萬。形成鮮明反差的是，即使在戰前最高峰的1936年，工會也只有42.1萬會員。起初，工會組織得到佔領政府的鼓勵，被視為「民主」組織，但在佔領政府的政策從反法西斯轉為反共的歷史大背景下，工會的迅猛發展遭到來自僱主和政府兩方面持續、猛烈的攻擊。但是，很快僱主的策略就發生了改變，不再試圖解除工會，而是用溫順的「企業工會」取代它們。在1953年的「日產之戰」(battle of Nissan)中，日產公司得到了日本僱主聯合會的支持以及銀行的金融支援，它挑撥原有工會舉行罷工，隨即採取停工的方式將工會成員排除在外，並建立起自己的日產工會，工人們只有加入新工會才能重新得到工作。隨後企業工會成為常態。

日本公司與員工的結合度很高，這一點成為日本公司得以擊敗西方競爭對手的優勢。公司提供終身的

就業保障，工資隨着工作級別和年限不斷增長，提供各種福利，有時還提供住房。作為回報，僱員必須努力地長時間工作，如果公司有需要，僱員必須放棄周末和休假。其他結合措施還包括：公司內不存在地位區分，員工穿着公司制服，工人們與經理們在工作及休閑期間相互交流。與西方公司相比，日本公司內的收入差別非常小。

一部分員工與公司緊密結合在一起，代價是其他人被排除在外。合同工、臨時工、女工，這些人受制於他們的身份類別，無法享受終身福利和所有隨之而來的好處。這種情況也存在於那些依附於大企業的小型公司，它們與大企業簽訂了轉包合同。與西方工業社會相比，日本小公司為大企業所做的工作更多。小公司是經濟衝擊的吸收器，大企業可以根據需求，控制勞動力人數，從而順利度過經濟波動。在日本，與公司高度結合的終身制員工作為精英階層，與那些可有可無的邊緣僱員之間界線分明。

日本的福利體系中有一套極其重要的關聯體系，在高度結合的制度框架內運作。日本只有基本的福利國家制度，這使得工人們高度依賴公司的福利機制，並強化了他們的服從性，但與此同時，國家福利的欠缺也促使日本民眾未雨綢繆，為將來而儲蓄。個人儲蓄進入由通商產業省所控制的郵政儲蓄體系，隨後通商產業省又引導這筆資金投入它所選中用以投資的行業。

無可否認，日本具有成功的資本主義制度，其特性完全不同於我們所討論過的其他資本主義制度。福利國家制度是瑞典式資本主義必不可少的一部分，但在日本模式中，福利國家制度的缺失卻至關重要。國家的指導作用是日本經濟的鮮明特點，一些評論者呼籲西方政府制定類似的產業政策。日本的公司所有權和銀行資金模式與英美的股市模式形成反差。日本公司對於員工的掌控甚至比美國公司更為徹底，在美國，工會更富戰鬥精神。日本的公司福利也涵蓋更多方面，朗奴‧多爾(Ronald Dore)曾將日本式資本主義描述為另一層意義上的「福利資本主義」。

　　與我們所討論過的管控型資本主義的其他體系一樣，日本式資本主義在20世紀60年代晚期和70年代遭遇了困境，同時日本也承受了巨大的、持續的外部壓力，被要求對外開放進行貿易。70年代初，中美恢復外交後，美國改變了對日本的看法。此時日本不再是對付東亞共產主義的堡壘，而是一個系統地採取不公平貿易手段的工業競爭者。儘管日本找到辦法，用非關稅壁壘替代關稅壁壘(例如宣稱英國的「羅利Raleigh」自行車不安全)，但對於進口商品和資本的限制還是逐漸放開了。通商產業省的控制工具解體後，它不得不更多依賴在工業領域內發揮餘熱的退休官員所組成的廣泛網絡進行「行政指導」。

　　但是，日本在應對20世紀70年代出現的問題時，

並沒有放棄它原有的制度，就此走上新自由主義之路。為了維持經濟增長和國際競爭力，日本將增長所積累的資本投到國外，利用更為廉價的勞動力建立海外業務，主要是在東南亞，但也包括歐洲、美國以及澳洲。通商產業省開展了一項新計劃，發展以知識為基礎的未來產業，日本很快成為世界領先的微晶片生產商。日本工業的競爭力如此強大，以致整個20世紀80年代美國對日本一直處於巨額貿易赤字，不過日本對於美國債券的投資將日本的一部分收入重新輸回美國，為背負巨額赤字的美國經濟提供了資金支持。

20世紀90年代初，所有這一切都變了。股票及土地價格漲到難以維繫的水平，經濟泡沫就此破滅。股市崩盤之後，緊隨而來的是經濟停滯與高失業率。日本陷入了惡性的通貨緊縮循環。隨着失業率攀升，未來變得更加不確定，民眾將更多的錢用於儲蓄，消費者需求下跌，經濟增長隨之進一步衰退。問題不在於出口市場，許多日本公司在出口方面依然很成功，問題在於國內市場。政府應對危機的辦法是增加政府開支，降低利率，但它們發現經濟增長機器很難再度發動。

曾經促進發展的制度開始遭到批評。終身僱傭制被視為「僵硬的做法」，它妨礙了勞動力市場的自由運行，也使得公司難以削減員工。工業集團內部相互控股的做法也遭到批評，批評者認為這樣做支持了那些虧損企業，也阻礙了新的資金從國外流入。銀行被

認為與工業集團關係過於密切，因此無法終結那些虧損企業。的確，許多銀行陷入了嚴重的麻煩，因為它們貸出了太多資金給那些無力還債的投機者和經營失敗的公司。經濟增長不穩定，公司、銀行、政黨及官僚之間的腐敗關聯被揭露，這兩方面因素使得「發展型國家」模式難以為繼。在日本國內外都有人呼籲日本轉向市場模式，他們聲稱，全球化的壓力難以避免。

因此，日本處於日益增長的壓力之下，它被要求允許資本更多地流動，解除對金融市場的管制。外國資本進入日本，一些掙扎中的日本公司被外國競爭者收購，如雷諾(Renault)收購日產(Nissan)並進行資源重組。1996年，日本對銀行與金融業解除管制，這被認為具有「大爆炸」式的影響，它給予日本資本更多自由，也方便了外國金融機構進入日本。之後，隨着一些脆弱的機構失去保護，一系列的破產與資源重組開始了。然而，「大爆炸」一詞並不確切，事實上出現的是一個緩慢的、不徹底的執行過程，根本無法與發生在倫敦的「大爆炸」相比。人們達成的共識是日本必須做出調整，而不是必須順從。

日本式的制度能保留嗎？在近來關於這些話題的討論中，朗奴‧多爾按時間順序記錄了這一逐步變化的過程：主要的日本僱主聯合會反思終身僱傭制，通過立法加強股東權力，努力構建與經營表現掛鈎的薪酬體系，以及採取一些自由化的解除管制的做法。但

是，多爾也多次就一些問題作出評論，包括：變革不夠深入，變革遭到抵制與反抗，以及具有如此多內部關聯的體系難免具有惰性。

事實上，日本最引人矚目之處就在於它的穩定性，包括政治穩定性和經濟穩定性。在20世紀90年代早期，看起來似乎自民黨對於日本政壇的長期統治正在動搖，新的政治選擇正在出現，但主要的反對黨日本社會黨當時卻與自民黨組成同盟，後者借此保住它的統治地位。之前驚人的經濟增長速度沒能保持，日

圖9 卡洛斯‧高斯恩(Carlos Ghosn)，來自雷諾的日產公司首席執行官，宣佈關閉工廠，1999年10月

本在90年代經歷了許多經濟磨難，特別是更高的失業率，但它當前的失業率依然低於經濟合作與發展組織的平均值。世界第二大經濟體免於遭受破產，尚未陷入蕭條。如果你曾經經歷過大規模經濟增長，並且享受着很高的生活標準，停滯或許並不是一個壞選擇！人們不妨期待這一穩定性會將日本的制度保留下來。

要求日本社會市場化的壓力或許也在減弱。20世紀90年代，股東式資本主義(當然是仿照了美國模式)一度大獲成功，但正如之前提到的，在安然和世通公司的審計醜聞後，現在這一切籠罩上了一層陰霾，而在90年代晚期的泡沫破滅後，美國經濟則顯得很脆弱。那些試圖抵制日本經濟自由化的人現在有了證據來反擊那些一直施壓要求日本進行自由化轉型的人。

趨同？

我們已經審視了管控型資本主義的三種國家體系的形成過程，它們各自有着特色鮮明的組織與制度。在這三種體系中，資本主義工業化都產生了階級組織和階級鬥爭，政府也都嘗試來管控資本主義社會的問題。三種體系各自創立了自己的「福利資本主義制度」，不過各個社會對這個詞的界定不盡相同。

儘管每一個體系看似都以自己的方式解決了資本主義存在的問題，但三種體系都面臨着20世紀70年代以來日漸嚴重的困境，部分原因在於世界經濟出現的

變化，但另一部分原因則在於它們各自的制度所造成的問題。三種體系都遭受了壓力，迫使它們放棄管控型資本主義的做法，進行改革，允許市場力量獲得更多自由。

這一切是否導致了各國間差異的減少？現在是不是只有一種征服一切的資本主義制度，而不是形形色色的資本主義制度並存？有充分證據表明，各國間差異繼續存在。三種體系的確朝着相近的方向發展，但這一事實並不意味着它們就此趨同，它們並沒有彼此靠近。如果三個人間隔一米站立，每個人向右移動一米後，他們之間的距離還是和以前一樣！

必須抗拒三種體系不可避免地將趨於相同這樣的想法，不僅因為這種想法是錯誤的，還因為它剝奪了我們的選擇。這並不意味着，人們可以挑選自己所選中的任何類型的資本主義制度，因為每個社會的現存制度限制了人們的自由選擇；事實上這意味着人們可以努力推動他們所處的特定的資本主義制度朝向他們認為合適的方向發展。認為市場力量不可避免地並且越來越多地在資本主義社會裏壓倒政治，這樣的觀點缺乏證據支持，因為對於多種資本主義制度的比較研究表明，這些截然不同的組織和制度結構在重新市場化之後依然存在，並且與運行中的市場機制完美匹配。

第五章
資本主義是否已經全球化？

「全球性資本主義」一詞已經變得很平常，有很多證據表明，現在的資本主義組織形式建立在全球基礎上。每天有巨額資金在全世界範圍內流動。公司不再是只在一個國家生產，並出口到其他國家，而是在相距甚遠的不同國家進行生產。商品與服務市場，以及資本與勞動力市場，在許多方面也已經全球化。現實生活中的確存在全球性資本主義，它影響著普通民眾的生活，但也有許多神話和這個概念聯繫在一起。我們將在本章對現實和神話兩方面進行考察。

全球性資本主義：新與舊

第一個神話：全球性資本主義是新事物。幾乎從資本主義形成起，它就已經傳播到了全世界。15世紀和16世紀的航海者最先發現了從歐洲到其他大陸的航海路線，商業資本主義很快就跟著起航。東印度公司將亞洲的產品帶給歐洲消費者，同時將歐洲製造的商品帶到亞洲。大西洋貿易三角則將商品從歐洲運到非洲，從非洲販賣奴隸到美洲和加勒比海，並從歐洲帶

回糖、朗姆酒和棉花等產品。

但是，直到19世紀出現交通革命之前，貿易行程非常緩慢，時斷時續，充滿危險。交通方式的變革影響深遠，足以與我們剛剛經歷過的那次變革相比。蒸汽動力的火車和輪船不僅加速了行程，還使商品和人群得以在世界範圍內有規律地、安全地進行大規模流動，不受天氣影響。電報的發明意味着消息不必再通過人或鴿子進行傳遞，在埋下海底電纜之後，倫敦的消息可以在4天內到達澳洲，而原本通過海上郵件傳遞需要70天。後來發明的電話第一次使全世界範圍內的即時通訊成為可能，從而「消滅了距離」。

19世紀還出現了有組織的全球經濟體。其核心原則是在一小部分生產國和世界其他國家及地區之間進行國際勞動分工，後者為前者的產品提供市場，並提供前者無法生產的食物和原材料。資本在國家間自由流動，但局限在金本位制的框架裏，自從1870年之後，金本位制通過將各國貨幣的價值與黃金的比值固定，起到了管制各國經濟間關係的作用。這一作用一直持續到20世紀30年代，在大蕭條的壓力下，金本位制才逐漸瓦解。

此類全球性經濟體在帝國內部組織而成，而帝國則是處於其核心位置的民族國家的延伸。這些帝國所採取的形式不僅包括侵佔殖民地，還包括建立影響圈，從而分割那些沒有處於直接殖民控制下的地區。

歐洲率先建立了海外殖民地，美國也在太平洋地區及拉美建立起非正式的帝國，到了19世紀的最後25年，日本開始仿照歐洲模式，在海外佔領第一批殖民地。在國際競爭及20世紀初的經濟危機的壓力之下，整個世界被帝國界線分割得越發支離破碎，每個殖民國家都努力保護它的海外市場和供應。一戰後，全球經濟一體化的進程事實上被逆轉了。

二戰後，帝國體系開始瓦解。新的金融與生產中心出現在舊工業國的直接控制範圍之外。貿易不再局限於國家/帝國之內，常常跨越國界。資本和勞動力都開始更為自由地跨越邊界。全球性資本主義或許並不是新鮮事物，但它顯然已經發生了轉變，進入一個罕見的充滿活力的階段。

全球製造

雖然國際勞動分工變得普遍，僱傭勞動主要還是集中於工業社會。在第三世界的礦場、種植園和商業化農場當然也存在僱傭勞動，但在當地人的收入中，僱傭勞動所得並非全部，它通常與其他掙錢方式(如個體農業或貿易等)結合在一起。按照戴維‧柯茨的估算，在這個新時代，資本對勞動力的追尋造成「世界無產階級」的人數在過去的30年裏翻了一番，達到約30億人。

資本主義生產擴散的主要載體是跨國公司。在20

世紀的最後25年裏，跨國公司取得了迅速發展，從1973年的7,000家增加到1993年的26,000家。1985年之後，跨國公司對於海外業務的投資迅速增長。雖然大部分投資進入了其他工業社會，但在20世紀90年代，跨國公司在發展中國家的投資飛速增長。

最能說明這一過程的例子就是墨西哥被稱為「邊境加工廠」的製造業工廠的發展。這一業務始於1965年，當時墨西哥允許在距離美國邊境10英里的範圍內設立工廠，這些工廠的原材料和零部件進口免稅，條件是製成品必須出口。1993年的《北美自由貿易協定》(NAFTA Agreement)消除了剩餘的貿易壁壘，這些工廠隨後加快了發展。美國、歐洲，最終連日本的資本都加入進來，利用墨西哥廉價的勞動力，沿著美墨邊境線建立了數以千計的製造廠和裝配廠，主要從事車輛、電子和紡織行業。每天經理們從自己位於美國的家中開車去上班，而沒有汽車的工人們則從棚戶區由巴士送去工廠。

勞動力在當地很廉價，不僅因為勞動力供應很充足，而且因為勞動力缺乏組織和管制。試圖建立獨立的工會組織的嘗試遭到了僱主和政府的聯合打壓。《北美自由貿易協定》規定了工人的權利以及對工會的保護，但這部分內容並沒有得到執行。美國的工會為減少來自墨西哥廉價勞動力的競爭，嘗試將墨西哥工人組織起來，並援引《北美自由貿易協定》中的勞

動力條款作為依據，但並不成功。有關醫療、安全和環境等的規章制度並不健全，或者執行不力。墨西哥政府顯然是視而不見，因為「邊境加工廠」對於墨西哥經濟作出了突出貢獻，它提供就業(在本世紀初創造了約100萬個工作崗位)，並創造了僅次於石油業的巨額外匯收入。

近年來，亞洲對於資本產生了更大的吸引力，尤其是日本的資本，連續幾波湧入遠東國家。二戰後，隨着日本工業的迅速發展導致土地及勞動力短缺，日本的國內生產成本變得日漸昂貴，價格也隨之上漲。

圖10　墨西哥「邊境加工廠」的廉價勞動力

資本主義是否已經全球化？　·103·

20世紀70年代和80年代，為尋求廉價勞動力，日本資本進入號稱「四小龍」的香港、台灣、新加坡和韓國。隨着那裏的生產成本也變得更加昂貴，第二波資本流動又從日本以及「四小龍」地區進入印尼、馬來西亞和泰國。近來，第三波投資潮則進入了中國和越南。目前看來，中國是資本所尋求的目的地，它正威脅到墨西哥經濟，將原本在墨西哥投資的公司都吸引到了中國。

製造業在這些國家的擴散尤其吸引了年輕女性從事僱傭勞動。她們據稱佔到墨西哥「邊境加工廠」勞動力的60–70%。耐克(Nike)和蓋普(Gap)公司在東南亞的工廠被指控僱用16歲以下的女工，儘管當地法規禁止僱用童工。資本主義與父權制相結合，以獲得最廉價的勞動力，因為女性的報酬通常低於男性，女性服從男性的控制，並且可以隨時退工。如果需要裁減勞動力，女性可以回到家庭勞動。

僱傭勞動的擴散導致了工人力量在全球範圍內的弱化。在舊工業社會裏，集體組織使工人得以縮小勞資雙方之間的力量差異。廉價的、無管制的國外勞動力的競爭破壞了這種集體力量，工會組織發現很難將國外工人納入組織。作為消費者，舊工業社會的工人當然能夠獲益，因為國外的廉價勞動力以及更為激烈的國際競爭降低了他們所購買的商品的價格，但是自從20世紀80年代以來，舊工業社會的實際工資一直在

圖11 越南的耐克加工廠僱用的廉價勞動力

減少。而且，隨着資本變得更具流動性，各個民族國家不得不相互競爭，爭奪資本。20世紀80年代英國通過的反工會立法之所以能獲得支持，部分原因在於它使英國得以吸引在80年代和90年代期間進入歐盟的日本和韓國資本。

全球性遠程工作

不僅製造業遷出了舊工業社會，現在大多數辦公室工作，如打字、接電話、數據處理、軟件開發及問題解決等，都可以遠距離完成。信息及通信技術的進步使這部分工作很容易轉移到國外更為廉價的場所，那裏的工資及辦公費用更低。和製造業一樣，出於相同原因，這些工作通常也都僱用年輕女性。

電話諮詢中心是英國增長最快的就業部門，彌補了製造業外移所損失的工作崗位，但如今電話諮詢中心也正在遷往國外。銀行、保險、旅行社、電訊及鐵路等公司正在將它們的電話諮詢業務從英國遷往中國、印度和馬來西亞。同樣，法國公司也將此類工作遷往非洲說法語的國家。美國公司很早以前就已經將電話諮詢中心和數據處理業務轉到了加勒比海地區。

世界上說英語的地區佔有相當大優勢，一些加勒比島國以及印度由此獲得發展便利，雖然只有英語是不夠的。當然，一些訓練是必要的，那些在印度從事電話接聽服務的人員都接受了西式發音和會話訓練。

電話諮詢中心的有效運作還需要「關係經理」的小心經營。他們能在效率與客戶服務之間取得平衡。軟件開發需要更高層次的技術，但是印度，尤其是班加羅爾市(Bangalore)，已經成為軟件生產中心之一，因為當地能提供教育程度較高的、說英語的勞動力。知名大公司如Texas Intruments, Motorola, Hewlett Packard及IBM都在那裏建立了軟件(及硬件)生產基地。

這不僅是貧窮國家相比富裕國家能夠提供更為廉價的勞動力的問題，還涉及幾個貧窮國家之間的激烈競爭。巴巴多斯和牙買加早就開展了遠程工作，如今它們越來越多地遭遇到來自其他加勒比島國及中美洲國家的競爭。整個加勒比地區又面臨着來自印度、菲律賓、馬來西亞和中國的更為廉價的勞動力的競爭。遠程工作業務能夠輕鬆建立，是因為這種工作形式更為常規化並且所需技術含量不高，因而此類工作的擴散很少遭遇限制。

全球性旅遊業

說到資本主義在全球範圍內的傳播，國際旅行業並不常為人提及，但它的發展最為突出地體現了國家間經濟聯繫的加強。從1950年到2001年，國際旅遊的遊客人數從每年2,500萬人次增加到近7億人次。在許多最貧窮的國家，旅遊已經成為外匯收入的主要來源。

國際旅遊業將資本主義的商業運作擴散到資本主義發展之前從未觸及的地區。它滲透到那些無力為世界市場提供商品及其他服務的地區。的確，那些偏僻的或不發達的地區，從位於安第斯山脈東側斜坡的馬丘比丘到喜馬拉雅山，對於遊客都具有特別的吸引力，因為它們很偏僻或者很傳統。旅遊業為酒吧和賓館的付費勞動提供了就業機會。它催生了對食品生產和運輸的更大需求，也為當地旅遊紀念品製造業和古跡仿造提供了基礎。旅遊業的收入能加速金錢循環，促進製造商品的進口，並建立新的消費模式。

　　文化習俗、野生動植物、景點及景致等獲得了之前從未有過的金錢價值，商品化進程隨之出現。習俗在經歷商品化之後可能失去原有的本真性，自然會變得不那麼自然，雖然商品化至少能讓它們在經歷改變之後存活下去。在一個資本主義勢力日漸擴張的世界裏，唯一能確保文化習俗和自然景點保存下去的方式就是設法從中獲取利潤。而且，保護原則自身也可以成為一個產業的基礎，比如哥斯達黎加所推行的生態旅遊。隨着貧困國家中成人與兒童的身體獲得用金錢衡量的價值，全球旅遊業也帶來了由性旅遊所引發的另一種商品化過程。據稱，1999年僅在美國就有超過25家公司提供前往亞洲目的地的性旅遊服務。「互聯網世界『性』指南」提供世界上每個國家性服務的信息與報道，包括是否提供服務、服務內容及價格，並

有相關鏈接來幫助人們做好行程安排。指南並沒有提供是否存在兒童性服務的相關信息，但這是性旅遊業的主要賣點之一，因為它使成人得以在遙遠的、未受管制的地方得到此類服務，其間所擔負的風險顯然遠遠小於在本國從事類似活動。

全球旅遊業顯然並不總是福音，即使它為接受遊客的社會帶來了一些經濟回報，我們必須記住，利潤中的大部分都被主宰旅遊業的外資公司(航空公司、連鎖賓館及旅行社)掠走了。

全球性農業

在探討全球性資本主義的上述案例時，我們忽略了農業。在我看來，全球性農業並非新事物，很早以前就已經在印度和斯里蘭卡的茶葉種植園以及中美洲的水果種植園裏得到繁榮。19世紀建立起的國際勞動分工在工業社會為世界其他地區的農產品創造出了新的市場，西方公司在那裏投資並進行大規模生產。

但是農業中也存在日漸激烈的國際競爭，資本主義生產業已擴散。20世紀90年代，香蕉產業出現危機，因為當時生產的香蕉數量超過市場需求。美國水果公司，尤其是都樂(Dole)，開始將生產轉移到厄瓜多爾，那裏的工資及其他勞動力成本遠遠低於美國，並且那裏沒有工會組織(與此同時，現有的組織在中美洲遭到了攻擊)。這些公司還利用世界貿易組織對歐盟

施壓，以求歐盟停止優待非洲和加勒比海地區的前殖民地香蕉種植者。在這些地區，大部分香蕉都由農民以更高成本進行小規模種植，在自由市場上，他們根本無法與大公司競爭。最終，大公司與歐盟間達成妥協，對小生產者進行一定程度的保護，同時嘗試將厄瓜多爾的工人納入工會組織，但工會和小生產者的命運依然是未知數。

小生產者發現他們被迫以其他方式朝着資本主義農業靠攏。萬達那‧希瓦(Vandana Shiva)提出，農業日漸被高度集中化的「生物科學企業」所主宰，此類公司同時涉足農產品的生產、銷售、生物科技、化學與制藥行業。它們銷售經過基因改造的種子，這些種子能生長成體型較大的農作物，據說通過向稻米中添加維生素A成分等類似方法，這些農作物還能避免營養缺乏症。此類農業能夠生產大量經濟作物，但它需要大量使用這些公司生產的殺蟲劑和除草劑，同時需要大量用水。隨着稀缺的水資源用盡，化學污染加劇，生物多樣性消失，此類農業對環境的影響是災難性的。農民不僅僅依賴於這些公司，還背負債務，因為需要大筆投資。如果收成不好或其他災難造成他們無法償付債務，農民最終可能失去土地。小規模農業失去活力，而大型的資本密集型組織取代了它們。

伴隨這個過程一起出現的是自然的商品化，因為植物、種子、基因、水這些之前經常可以免費獲得的

圖12　都樂公司在厄瓜多爾進行大規模香蕉生產

自然資源如今成了商品並具有金錢可衡量的價值。知識也變成了商品。世界貿易組織所提出的《與貿易相關的知識產權協議》(Trade Related Intellectual Property Rights Agreement)要求各國允許對植物品種和基因材料進行專利權保護。萬達那·希瓦(Vandana Shiva)認為，這意味着：

> 窮人的知識正在轉變成全球性企業的產權，於是產生了這樣的情況：窮人將不得不付錢購買種子和藥品，而這些產品正是由他們推動開發，並且用來滿足他們自身的營養和保健需求的。

全球性資金

我們正在討論的資本主義商業行為的擴散不可避免地加速了資金的循環，但是20世紀的最後25年所出現的真正令人震驚的循環加速，其原因主要在於投機性的資金流動。到20世紀末，每天的外匯交易總額達到1.5萬億美元，這一金額相當於英國的年度國民生產總值。根據曼努埃爾·卡斯特斯(Manuel Castells)的統計，國際投資在1970年至1997年間增長了近200倍，其中大部分屬投機性質。

卡斯特斯強調，技術進步造就了國際貨幣交易與投資的大規模擴展。一定程度上，這與通訊有關，因為地球同步衛星、數據的數字傳輸以及電腦網絡不僅

加快了交易速度，也增加了能夠處理的交易量。同時這也與金融技術和革新有關。金融服務業的發展創造了許多新的市場投資方式以及將公司及個人資金引入市場的新渠道。新的金融工具及產品，連同新的通訊設備，產生了跨越國境的資金流。

如今聲名狼藉的「衍生產品」，即尼克·李森(Nick Leeson)曾交易並產生災難性後果的那種金融產品(參見第一章)，在20世紀80年代和90年代曾是最尖端的新金融工具。資金通過更為直接的渠道以投資基金的方式進入自20世紀80年代起開始吸引投資的「新興市場」。投資者有機會在「新興市場」低價購入新近實現工業化的國家的股票，然後等價格攀升後拋出獲利。富裕社會的金融業迅速出現了一大批此類基金以吸納普通民眾的儲蓄。20世紀90年代末的經濟危機(參見第六章)隨即迅速清空了這些基金所累積的價值。跨境資金流動的原因不僅是技術與金融革新。20世紀70年代的利率浮動造成了新的不確定性和新的機遇，從而刺激了貨幣交易與期貨市場。「浮動」意味着貨幣價值由市場而非官方決定，它隨着貨幣供求變化而上下浮動。對於需要外匯來經營業務的公司來說，這增加了不確定性，因此，它們需要通過交易期貨來保護自己。但是，貨幣交易增多主要還是因為浮動匯率為投機提供了更多機會。

不妨先讓我簡要説明一下，為什麼匯率以這種

方式浮動。之前，在1944年布雷頓森林會議(Bretton Woods conference)建立的金融體系下，貨幣價值與美元掛鉤，後者的價值又與黃金掛鉤。這種做法為國際貿易擴張及一段時期內經濟的持續增長提供了必須的穩定性。但是，20世紀70年代初，維持美元價值穩定變得越來越困難，美國政府被迫讓美元貶值。在當時美元貶值有特殊原因，最主要的原因是美國政府在越南戰爭中開支巨大，但布雷頓森林體系當時已經承受了越來越大的壓力。

這是因為要想維持固定的官方匯率，政府只能採取不受歡迎的政策，或者控制資金流動，不許資金出境。如果不斷增多的貿易赤字對現有匯率施加了壓力，而且投機者開始對可能出現的貶值進行投機，政府可以採取嚴厲的經濟措施來維持貨幣價值。比如，它們可以減少消費以抑制進口。但是，在民主社會要想這樣做，在政治上非常困難。另一種辦法是，它們可以阻止投機者的資金流動，可以通過匯率管制來做到這一點。但隨著貿易增加，隨著一些國家的貨幣(尤其是美元)在國外大量積累，隨著數額巨大的資金開始在國家間流通，控制資金流動變得更加困難。

20世紀80年代，重新市場化的資本主義所展現的解除管制的態度(我們在第三章已對此作了討論)同樣在其中發揮了作用。由國家所制定的固定匯率以及對於國際間資金流動的控制與新的自由市場和競爭的觀念

不相符。金融中心之間更為激烈的競爭為金融市場的解除管制和金融革新提供了動力。與股市相關的金融業，其經濟重要性日漸加強，而這些行業的健康度取決於它們通過市場吸引國際資金流的能力。1987年10月，倫敦市解除金融管制的「大爆炸」舉措背後，是世界各大金融中心間的競爭，因為倫敦努力想趕上紐約。但競爭也來自新的金融中心，到20世紀90年代，發展中國家有35個股票市場。一些已經變為了具備複雜功能的金融中心。正是在新加坡國際貨幣期貨交易所，尼克·李森先是成就了自己的名聲，後來又身敗名裂。

全球性有多麼全球性？

資本主義制度與實踐已經擴展到全世界，但在此刻，我們必須暫停一會兒，考慮一下「全球性資本主義」究竟有多麼全球性。

世界範圍內的資金流動已經增加，但這是「金融全球化」嗎？即使新的金融中心已經在發展中國家出現，並且投資於「新興市場」至少一度變得很時尚，大部分資金依然在北美、歐洲和日本間流動。卡斯特斯在1998年就已經指出，新興市場只佔有全世界資本的7%，雖然這些國家擁有約佔世界85%的人口。而且，在1997年至1998年的亞洲及俄羅斯金融危機警告了外國投資者之後，進入新興市場的資金至少短期內出現了

銳減。在1998年至2001年，只有190億美元流入新興市場，而之前的1994年至1997年則高達6,550億美元。

同樣的情況也適用於全球性旅遊業。國際遊客中大部分人在歐洲、北美與日本等發達國家間流動。2001年，從國際旅遊業中獲利最多的四個國家分別是：美國、西班牙、法國和意大利，不過中國佔到了第五名。

資本主義生產已經擴散。相比20世紀80年代，更多的投資在90年代進入貧困國家，但投資依然集中於少數幾個國家，如中國、巴西和墨西哥，很少有資金投入非洲。根據經濟合作與發展組織的統計數字，發展中國家於20世紀90年代所接受的外國直接投資中的約三分之一流入了中國。2000年，整個非洲(不包括南非)所接受的外國直接投資佔世界總額的比例不到1%，這個數字相當於芬蘭，一個人口只有500萬的歐洲國家，所接受的投資金額。儘管人們常說，全球性資本主義正帶來世界的一體化，但實際上國際間差異在不斷增加。一些之前的貧困國家和地區，如亞洲四小龍，已經擺脫了落後狀態，部分地縮小了它們與富裕國家和地區之間的差距。但它們只是例外。聯合國人類發展報告(United Nations Human Development Reports)清楚地顯示，最富裕國家與最貧窮國家之間的差距進一步加大。1820年，世界上最富的五個國家的富裕程度相當於五個最窮國家的三倍。1950年，雙方的差距

變為35倍；1970年，44倍；1992年，72倍。國際間的財富差距正讓世界持續變得更加涇渭分明。

「全球化」一詞的問題之一在於，和「全球性公司」的說法一樣，它暗示着一個新層次，即超越國家的全球性組織，已經出現。的確，世界上有許多跨國公司，它們在不同的國家經營，跨越了國家界線，但是大多數公司的經營範圍只限於幾個國家，並且從本質上來說算不上全球性。通常認為它們藐視民族國家的限制，將勞動力僱傭轉移到國外，並時常逃避本國的稅收，但是所有這些公司都在某個民族國家內設有基地，大多數都擁有大量資產，並在該國提供大部分工作崗位。它們利用本國的便利，包括基礎設施與制度，並使用本國權力來促進及幫助它們在國外的業務。它們為貧困國家提供了就業，但與此同時也利用了這些國家的廉價勞動力，驅逐了當地競爭者，將利潤輸回本國。彼得・迪肯(Peter Dicken)認為，跨國公司同時也是全國性的公司，大多數公司根本稱不上全球性。

因此，使用「全球性資本主義」的說法時必須小心。資金流及投資流在全球的分佈是如此不均衡，如果把它稱為「全球性」的，那完全是誤導他人。而我們通常使用的全球性術語，如「全球性資本主義」、「全球經濟」、「全球社會」等掩蓋了正在不斷被拉大的國際間差距，同時也讓人忽視了國家和國家政府的重要性。

全球性的資本主義主宰

然而，有一個方面可以肯定地說，資本主義已經全球化了。

1989年，資本主義最主要的全球性替代體系，即國家社會主義，開始解體。戈爾巴喬夫在前蘇聯發起了「結構重組和開放」計劃，同時也開始放鬆了對東歐國家的控制。前蘇聯的經濟一直以中央計劃和對經濟的集中式指導為基礎進行運作，市場只發揮邊緣作用。前蘇聯經濟曾遭受嚴厲批評和嘲笑，因為它效率較低，生產率較低，總體經濟表現不盡如人意，環境污染嚴重，這一切都使得前蘇聯經濟成為了反襯資本主義優勢的鮮活證據。前蘇聯創紀錄的工業化和大幅度經濟增長、對充分就業和低通脹率的保持、教育和醫療服務能力，現在大多已經被遺忘了，不過毫無疑問，很多俄羅斯人依舊記得前蘇聯曾經提供給他們的穩定和保障。

前蘇聯解體的主要原因在於，它無法與西方更富革新精神的資本主義經濟競爭。在俄羅斯和東歐地區，越來越多的人期望見到一個交流更多的世界，人們無法與西方的個人主義消費文化相隔離。在國家社會主義限制下運行的經濟無法滿足這些期望，或者至少在那麼多資源用於軍事生產的時候無法做到。在我看來，冷戰所施加的負擔對於前蘇聯來說難以承受，列根的「星球大戰」計劃是最後一擊，因為這一計劃

使超級大國之間的軍事和工業競爭大幅度升級。

　　戈爾巴喬夫試圖引入漸進改革計劃，但是從計劃經濟到市場經濟的逐步轉變並沒有實現。一旦國家指令停止，隨之而來的是經濟癱瘓。在葉利欽的領導下，政府試圖將俄羅斯引入資本主義。1991年對於經濟所實施的「休克療法」(shock therapy)將價格從政府控制下解放出來，到1994年底，俄羅斯四分之三的大中型企業實現了私有化。對於大多數普通民眾而言，後果是災難性的。根據約翰·格雷(John Grey)的說法，1991年至1996年間，消費者價格增長了1,700倍，約4,500萬人陷入貧困。休克療法的政策被暫停，在普京的領導下，俄羅斯現在正回頭走向國家管控較多的資本主義形式。但是，這並不是要回到國家社會主義，因為後者的結構已經解體，而一些具有強大影響力的集團現在則期望從資本主義中受益，俄羅斯已經加入到世界資本主義經濟體系中。

　　國家社會主義的解體排除了資本主義主要的備選模式，發展中社會受金融壓力和國際機構所迫，只得遵循佔據主導地位的美國式資本主義模式。其中，由美國所主導的國際金融機構——世界銀行和國際貨幣基金組織——扮演了關鍵角色。這兩個機構都是在二戰期間由布雷頓森林會議所創立，在同一次會議上，還創立了戰後固定匯率體系。世界銀行(World Bank)的功能是幫助各國進行戰後重建和發展，而國際貨幣基

金組織(International Monetary Fund, IMF)則起到了維持國際經濟穩定的功能。儘管它們職能不同，在20世紀80年代，這兩個機構開始共同推進在美國及其他主要工業國佔據主導地位的自由市場意識形態及政策。和其他國際機構一樣，它們受強大的成員國所操縱。

這兩個組織提出了三條相互關聯的重要政策。第一條是提倡財政節儉，以減少不必要的政府開支，並廢除可能引發通脹的寬鬆貨幣政策。第二條是私有化，以清除效率低下的國有企業，引入市場準則，同時也減少政府開支。第三條是自由化，在成立於1995年的世界貿易組織的協助下，消除貿易壁壘，停止政府對市場運行的干預。這些政策的執行依靠「制約性」措施，即根據政策執行情況有條件地發放貸款。發展中國家對於貸款的高度依賴意味着，不管這些政策有多少問題，它們都無力抵制此類政策。的確，相比發達國家，這些政策在發展中國家被更為嚴格地執行。美國、歐洲和日本都花大力氣保護其農業，並提供資金補助。

約瑟夫・斯蒂格利茨(Joseph Stiglitz)在1997年至2000年期間擔任世界銀行高層，他對這些政策做了嚴厲批評，尤其是國際貨幣基金組織的政策。斯蒂格利茨並非反對政策本身，在某些情形下這些政策能夠帶來收益，他反對的是這些政策被不加區分地、過於匆忙地強加給各個國家。當條件不合適的時候，財政緊

縮可能破壞依賴政府開支的重要項目，導致大規模失業，而私有化可能導致公共資產的流失以及更高的消費品價格。自由化，尤其是金融市場的自由化，很可能打開外國資本的入侵之門。斯蒂格利茨認為，國際貨幣基金組織在這方面的政策經常受到它與華爾街金融利益關聯的驅動。國際貨幣基金組織在執行這些政策時就彷彿不存在其他的選擇。斯蒂格利茨對比了俄羅斯和中國的經驗。

國際貨幣基金組織的建議引導俄羅斯採取了「休克療法」，造成了大規模貧困，而中國則採取了相反的策略，逐步轉型，「在如此短的時間內完成了歷史上最大規模的貧困削減」。中國成功的秘訣就在於沒有消滅舊制度並期盼新制度能自然出現，而是允許新的資本主義企業在現有的社會秩序中發展。中國沒有犯下大規模私有化的錯誤，而是按照斯蒂格利茨所提出的建議，創造出條件，使私有制經濟部門能夠形成並逐漸繁榮。

這當然不僅只是選擇正確的政策和政策顧問的問題，真正的原因在於中國有更具效率的精英管理者，而正在解體中的前蘇聯的統治階層則處於癱瘓狀態。相比之下，中國的精英管理者在更為強大的經濟和國家機器輔助下，更有可能走出一條自己的道路，並且對轉型加以控制。目前看來中國正在完成成功的經濟轉型。

國家社會主義已經解體，資本主義作為獨立發展

的經濟體系已經在全球佔據了主導地位。相比國家社會主義，資本主義提供了更多的商品和服務，也提供了更多選擇。但是，這並不意味着，只有一條路能通往經濟成功，因為有不同的道路，並且，正如我們在上一章所看到的，有不同的方式來組織資本主義。我們不應該把資本主義之外的其他選擇與資本主義內部的不同選擇混為一談。

全球性資本主義的神話

「全球性資本主義」一詞簡便地傳遞了這樣一個理念，即資本主義制度與實踐近年來已經擴散到新的區域，並以新的方式將相距甚遠的各個地方緊密結合在一起。毫無疑問，這一切已經發生，並使我們所生活的世界產生了意義深遠的改變。資本主義是全球性的主宰體系，並將在不遠的將來保持這一地位。

但是，在本章的討論過程中，我們已經發現，「全球性資本主義」這一概念也產生了具有重要影響的、誤導性的神話。神話一：全球性資本主義是新近產物。這種說法是錯誤的，因為全球性資本主義有悠久的歷史淵源。神話二：資本在全球範圍內流動。事實上，大多數資本只在一小部分富裕國家之間流動。神話三：資本主義的組織形式現在已經變為全球性的，而不是國家性的。事實上，國際間差異的重要性一如既往，民族國家繼續在跨國公司的經營活動中扮

演着重要角色。神話四：全球性資本主義實現了世界一體化。事實上，資本主義全球化程度越高，由國際間財富差異所造成的世界分裂趨勢就越發明顯。

第六章
危機？何種危機？

　　生活在經濟危機中的人們或許覺得他們的世界正在崩塌。他們或許以為整個資本主義體系即將終結。但是，資本主義的危機並不是偶然事件，而是資本主義社會運作的一個正常部分。儘管我們如今所熟悉的危機機制早在幾個世紀前就已出現，但到19世紀經濟危機才成為了經濟生活的常規特徵。本章從17世紀荷蘭的「鬱金香狂熱」開始談起，這個案例所展示的基本運作機制與近期出現的電子商務和信息科技泡沫完全一致。

17世紀阿姆斯特丹的鬱金香泡沫
　　鬱金香於16世紀從土耳其輸入荷蘭，憑藉其獨特的異域風情和稀缺的品種，在17世紀成為人們鍾愛的花卉。在荷蘭肥沃的沖積土地上，鬱金香種植面積不斷擴大，但是稀缺的供應和大量需求依然導致價格不斷攀升。高利潤率吸引了許多人進行交易，所需投資很少，掙錢很容易。對鬱金香球莖的大量需求迅速改變了球莖交易。起初，球莖被大批出售，有時甚至是

整片苗圃一起出售，但隨着需求的增長，交易單位不斷縮小，直到最後僅以單個球莖出售，尤其是那些最為名貴的變種。隨後，出現了新的市場，專門交易球莖上的生長物，因為從中可以長出未來的新球莖。最終，在17世紀30年代，鬱金香交易產生了鬱金香期貨市場，並直接導致了1636年至1637年的「鬱金香狂熱」。

這一切是怎麼發生的？起初，交易季節很短暫，僅僅在開花和摘取球莖後持續幾個月。為迎合增長的需求，交易者開始買賣依然種在土壤裏的鬱金香。現在他們實際上就是買賣球莖期貨。期票上規定了所買鬱金香的細節以及摘取的時間，而土地裏則將做上標記以辨識買主。隨後就是從交易球莖發展到交易期票的小小一步，因為迅速上漲的球莖價格使期票價值也開始颼升。

鬱金香期貨交易變成了一場瘋狂的投機泡沫，不是對球莖的需求，而是對「紙面的」期貨的需求推動了價格上漲。由於簽訂期貨合約時只需支付定金，因此一小筆錢足以發揮巨大的作用，只要在全額支付時間截止前能找到下家接手合約，就能賺取利潤。隨着合同日期的臨近，交易變得越發瘋狂，期票流通速度進一步加快。價格最終攀升到無人問津的地步，隨即突然暴跌。許多很普通的鬱金香其實並沒有實際需求，它們只是在泡沫最鼎盛的時候被捲入了投機交易。既然沒人真正想要這些球莖，在未來購買它們的

權利最終變得毫無價值，因此，市場價格一路暴跌。

期貨交易是泡沫通脹的核心機制，在當時期貨交易已經是商業資本主義的成熟做法，但有趣的是，球莖期貨市場上的購買主力並非商人。一些商人確實參與了購買，但是真正的大商人正忙於從自己的壟斷經營中獲取風險較小的利潤，他們並沒有涉足鬱金香交易。泡沫膨脹由普通民眾推動，包括紡織工、磚瓦工、木匠、修鞋匠等。他們投入全部積蓄，到處借錢，抵押資產或者以實物抵付款項。西蒙·沙馬(Simon Schama)舉了一個例子，為購入一個稀有的球莖，有人付出的代價是「兩車小麥加上四車黑麥、四頭肥牛、八頭豬、十二隻羊、兩桶葡萄酒、四噸牛油、一千磅奶酪、一張床、若干件衣服和一隻銀質的杯子」。

球莖及期票交易並沒有在阿姆斯特丹股票市場進行，儘管那裏有着大量其他的投機活動，而是在小酒館裏進行，交易者「群體」在那裏見面並喝酒。這些群體發展出他們特有的秘密程序、交易儀式及慶典，相當於窮人版的股票交易流程。當時的投機資本主義，就像現在一樣，不僅有老練的金融家進行投資，而且也是一項大眾參與的經濟活動。

19世紀的危機

儘管對於投資鬱金香的人來說，泡沫破滅的後果

很嚴重，但總體上它對於經濟並沒有產生重大衝擊。當時的經濟活動還沒有高度一體化，因此經濟危機不會從一個領域擴散到整個經濟體。是資本主義生產的發展產生了使危機擴散到整個經濟體的必要聯繫。而且，資本主義生產事實上產生了新的危機機制，馬克思曾對此作了分析。

馬克思認為，因為生產與消費分離開來，所以資本主義天生具有產生危機的傾向。在資本主義出現之前的社會形態中，生產與消費緊密聯繫在一起，因為大多數生產都或多或少被用於直接消費。在資本主義制度下，商品生產是為了在市場上進行銷售，生產與消費之間的關係變得更為疏遠。人們生產商品是寄望它們能在市場上賣出去，但市場可能無法吸收它們。馬克思將資本主義描述為無序狀態，因為消費者需求不再直接管控生產。

事實上，資本主義生產天生具有過度生產的趨勢。生產者之間的競爭產生了要求生產擴張的壓力，因為更高的產量能降低成本，降低價格，擴大市場份額。當生產的商品數量超過需求量時，就會出現過度生產的危機，價格將會下跌，最終降到不足以贏利的水平。這不僅傷害了該產業，而且具有擴散危機的連鎖反應。投資將減少，並影響機器製造業。工人將遭到裁員，或者被削減工資，這將進一步減少消費需求。通過這些方式，過度生產產生了惡性循環，導致

圖13　1929年股市崩盤時，交易者查看電傳打字機紙帶上的股市行情

工廠關閉和破產，失業率水平居高不下。大規模的失業又會導致社會危機，因為在資本主義經濟體系內，人們以一種全新的方式依賴僱傭勞動來獲得生存。自從19世紀下半葉以來，這樣的危機幾乎每十年就出現一次。

儘管失業造成了巨大的苦難，一些人就此破產，但這些危機並沒有摧毀資本主義制度。事實上，馬克思認為，危機使資本主義得以繼續前進，因為危機消除了過度生產所帶來的負擔，淘汰了效率最低的生產者，一旦工廠倒閉和破產使生產降到接近需求的水平，就能重新開始良性循環。同樣地，較低的工資增加了利潤率，更低的價格刺激了需求。更低的利率使貸款投資的成本更低。生產可以重新擴張，就業將增加，更多的人將有錢購買商品。

因此，資本主義將通過擴張走出危機，但是，馬克思在《共產黨宣言》(Communist Manifesto)中提出，這種擴張只會導致「範圍更廣、破壞性更大的(新)危機」。這並不意味着，如他的一些追隨者所認為的那樣，馬克思相信資本主義將以經濟大崩盤的方式滅亡。只有當資本主義被它所剝削的工人階級推翻時，它才會滅亡。資本主義發展過程中的某些趨勢將為最終的顛覆提供便利。技術的進步和所有權的集中將擴大生產規模，更多數量的工人將被集中起來，變得更容易組織。在這一切過程中，危機當然將起到作用，當工人們經歷危機時，他們將變得更為激進。此外，

圖14　20世紀30年代大蕭條期間的美國，勞動力被公開拍賣給出價最高者

貧富差距的擴大也將造成工人的激進態度。財富日益集中到少數富裕的資本家手中，他們享受着資本帶來的利潤，而大量貧困的工人則時常遭受失業之苦。

　　所有權確實變得更為集中，生產單位的規模變得更大，工人變得更有組織性。由於工人們對工作的經濟依賴，以及試圖推翻資本主義體系的革命運動所遭受的鎮壓，他們被迫接受了資本主義制度。他們通過工會組織被吸納進入資本主義社會的政治結構中，並受到資本主義生產所提供的商品和服務的誘惑。無論

如何，沒有哪次危機的規模大到足以威脅資本主義經濟體系，直到20世紀30年代大蕭條的出現。

20世紀30年代的大蕭條

從19世紀中期開始到一戰前，資本主義社會經歷了一段穩定的、危機很少的發展時期，到戰後的20世紀20年代，顯然發展還在繼續。但是，第一次世界大戰的結束留給世界的是一個脆弱的經濟體系。倫敦原本發揮着穩定經濟的金融主導作用，現在這已成為歷史，國際經濟關係在20世紀20年代陷入了無序和不穩定狀態。而且，大戰及其後續影響使許多國家，尤其是德國，背負了巨額債務。與此同時，這些國家的經濟遭到削弱，無力償還債務。這是20世紀30年代大蕭條的歷史背景，這次蕭條影響如此深遠，範圍如此廣泛，以至於埃里克·霍布斯鮑姆(Eric Hobsbawn)認為它「幾乎相當於資本主義世界經濟的崩潰」。

20世紀20年代，有許多跡象表明，世界經濟並非一切正常，但是直到1929年紐約華爾街股市大崩盤才引發了大蕭條。1929年10月，紐約股價暴跌，隨後一路直降，到1932年6月才觸底，與1929年9月的巔峰值相比，紐約股市貶值超過80%。

累積機制令經濟陷入蕭條。在整個工業世界，生產普遍出現衰退，這導致失業人數迅速增長，後者又減少了需求並導致生產進一步萎縮。1929年至1931

年，美國的工業生產減少了三分之一，在衰退達到谷底時，超過四分之一的勞動力處於失業狀態。失業的工人無法支付住房貸款的利息，這威脅到當地銀行的償付能力。工人們無力繼續購買消費品，尤其是汽車，美國汽車產量減半，造成更多人失業。當時國家提供的低福利不僅使失業所產生的影響相比如今的工業社會更為嚴重，而且也意味着大規模失業可能讓相當多的人喪失購買力。

這不僅是工業社會的一場危機，因為農業也遭遇了嚴重蕭條。隨着消費者需求下降和貨物囤積，農產品的價格開始下跌，茶葉和小麥價格暴跌三分之二，絲綢價格暴跌四分之三。農民的反應是無助地增加生產，以期維持他們的收入，但這導致了價格進一步下跌。20世紀30年代留給我們的主要印象就是歐洲和美國的失業工人在施捨處排隊，或者餓著肚子遊行。阿根廷、巴西、古巴，以及澳大利亞和新西蘭等國家的經濟一直依賴於向工業國家出口食物和原材料，在大蕭條中它們也同樣遭到了沉重打擊。

20世紀30年代顯示了資本主義世界經濟在危機面前的脆弱。問題並不在於危機的發生，因為正如我們所見，危機是資本主義正常機制的一部分，問題在於隨着累積機制的擴散和危機的加劇，世界範圍內資本主義經濟體系紛紛崩潰。資本主義經濟的脆弱性有三個根源。

首先，在上一個世紀裏，生產能力急劇增長。這意味着，要想吸收所有產品，需求量也要增長到同等水平。這個條件不僅適用於製造業，也適用於食物及其他主要產品的生產。消費不足的原因不僅僅是過度生產，也包括由於工人收入降低所造成的消費不足。不管出於何種原因，生產規模的擴大以及就業人數的增加意味着一旦消費無法與生產同步，那麼隨着工人們(他們同時也是消費者)失去工作，經濟發展將呈螺旋式下降。

其次，國際勞動分工造成了世界一體化。工業社會生產製造品，而世界其他地區則集中生產食物與原材料。一旦工業社會的需求下降，向它們出口牛肉、咖啡、糖等初級產品的生產國就會發現自己的銷售、價格、收入都在下降。當它們的收入下降時，工業產品的國外市場必然出現衰退。一些歷史學家認為，大蕭條開始於初級產品生產國，隨後擴散到工業社會；另一些人則提出了相反的觀點。但無論如何，發生在某一類國家的危機不可避免地被擴散到了另一類國家，隨後在兩者間不斷迴盪。全球經濟一體化是放大蕭條的另一種機制。

再次，國際貿易與國家保護之間存在矛盾。作為第一個工業國家，英國一直推行自由貿易政策，這為它的產品獲得了最大化的市場。當其他國家隨後開始工業化的時候，它們不可避免地更傾向於保護主義政

策，因為它們剛起步的工業需要保護，以求站穩腳跟。日漸激烈的國際競爭帶來了更多要求國家保護的呼聲。不過，直到一戰之前，英國的經濟主導地位和全球性經濟增長一直維持着自由貿易。但到了一戰之後，部分由於戰爭的影響，英國不再主宰國際經濟，而國際經濟的穩定發展也已不復存在。

當國內生產面臨危機時，保護國內經濟以應對國際競爭，這一誘惑令人難以抗拒。只要一個國家採取此類行動，其他國家必然迅速跟進。例如，美國於1930年採取大範圍關稅措施保護經濟，引發了其他國家的報復。而且，19世紀幾個相互競爭的帝國分割了世界版圖，從而造成了工業社會的錯覺，以為它們能夠經濟自足，並且擁有現成的自我保護結構。此類錯誤的後果是，世界貿易不斷衰落，使經濟蕭條進一步惡化。

大蕭條催生了一系列新的政策，其目的在於防範類似情況再度出現。政府適應了應對蕭條，通常的做法是削減開支或增加稅收，從而在經濟衰退導致稅收減少時能夠平衡收支。約翰·梅納德·凱恩斯(John Maynard Keynes)認為，政府可以通過借貸或降低稅收，在經濟體中創造需求，從而緩解蕭條趨勢。這些凱恩斯主義的政策在20世紀30年代後期開始影響一部分國家，不過幫助全球經濟擺脫蕭條的，主要還是二戰所造成的巨額政府開支。

從戰後繁榮到新的危機

二戰後的25年裏，資本主義的危機傾向似乎得到了控制。戰後對於再度出現高失業率的擔憂被證明毫無道理。各國政府以為現在它們懂得了如何使用凱恩斯主義政策來避免危機失控，儘管這一時期的經濟穩定增長很可能與它們的經濟技能毫無關係，因為政府頻繁做出不合時宜的干預，從而可能加強也可能減弱了經濟循環。是其他潛在的因素刺激了繁榮。

戰爭期間的大幅開支事實上並未停止，因為美國現在捲入了一場新的戰爭，即它與前蘇聯的冷戰。這不僅帶來了美國在海外的軍事開支，而且有意識地造就了日本和歐洲經濟的復蘇，因為這些地區是冷戰的前沿。它還導致了太空競賽。在前蘇聯將太空人加加林(Gagarin)送入太空後，作為回應，美國將大量資金投入到太空計劃。這是一種擴張性的活力，完全不同於兩次大戰期間對外隔絕的保護主義策略。世界上最大的經濟體正在推動經濟增長，使之跨越保護主義的界限。

技術進步極大地促進了生產，但由於消費者需求也在持續上升，過度生產的危機得以避免。更高的生產率意味着商品價格下降，價格一直處於工人們能夠購買的水平。例如，整個社會都能擁有汽車。更高的生產率也允許工資增長，而全員就業使得勞動者得到了最大的談判權力。

但是，這些增長中的相當部分是以其他地區為代價換來的。工業社會的富裕依賴世界其他地區所提供的低價初級產品。石油的低價尤其關鍵，因為石油不僅是一種油料，而且也是製造一大批合成物質的基礎。這些產品被用來替代第三世界的「天然」產品，從而進一步壓低了價格。因此，新的合成紡織品降低了對棉花的需求。製造品與初級農產品價格之間的關係變得不利於初級產品生產者，他們發現到1970年，購買製造品的花費比1951年購買同類產品時多出三分之一。

到了20世紀70年代，這一切都變了，因為隨着國際經濟增長停滯不前，推動之前20年經濟增長的良性循環變成了惡性循環。最明顯的例子是許多初級產品價格的上升，特別是石油，這持續增加了工業成本並提高了銷售價格，從而影響了利潤，減少了實際工資，並由此降低了購買力。工資增長壓縮了利潤，一方面因為工會組織持續發展，各個工會間相互競爭，另一方面因為工人們對價格和稅收增長作出反應，要求增加工資以維持生活水準。另一個問題是，美國的軍事開支和進口使美元在世界到處流通，使得現存的、基於固定匯率制的國際金融體系無法吸收這些美元。

結果是一場新的危機，就性質而言，它完全不同於30年代的大蕭條。在30年代，需求銳減，現在則是需求過多，它迫使價格和工資上漲。而且，固定匯率

制解體後，匯率的浮動使得政府放鬆了對於通脹的貨幣管制，因為政府現在的壓力比以前小，不需要為了維持匯率而保護貨幣價值。

日漸激烈的國際競爭加劇了危機。德國和日本從戰敗對於經濟的毀滅性打擊中恢復過來，將現代化的、高效的工業投入生產。這進一步增加了對於世界資源的壓力，也產生了新的過度生產危機。更多需求造成了更高的工資和原材料價格，隨後的過度生產又降低了公司為它們的產品制定的價格，使得贏利變得更加困難。

日本舊工業社會各行業的贏利性所受的打擊是毀滅性的，因為日本政府和工業十分有效地進行合作，追求以創造新產業和獲取市場為目的的長期政策，而日本的生產率相比舊工業社會要高出許多。舊工業社會在應對此次危機時，面臨着特定的問題。正如我們在第三章所見到的，它們所發展的管控型資本主義制度，限制或取代了原本可以作出迅速反應、進行資源重組的市場機制。它們不得不等到20世紀80年代政府對經濟重新進行市場化之後才能作出有效的反應。

不穩定性

20世紀70年代之後，出現了一個新的世界：發展減緩，不穩定性增加，危機頻繁出現。在20世紀的最後25年裏，增長率是之前25年的二分之一。各國間也

有着鮮明差異。一些國家，尤其是澳洲、愛爾蘭和荷蘭在90年代的增長速度比80年代要快了許多，而在更多國家，如德國、意大利、日本、韓國和瑞士，增長率則出現下跌。許多國家在大多數時候處於危機的邊緣，但當增長泡沫破滅時，即使一些經濟強國也會陷入困境。危機也可以從一個國家輕易傳播到另一個國家，比如1997年至1998年的危機開始於東亞的經濟強國，但隨即擴散到俄羅斯，再到巴西。

這是一個國際競爭加劇的世界。正如我們之前所看到的，國際競爭的加劇是導致20世紀70年代舊工業社會出現低利潤率的變化之一。更低的利潤率隨後導致公司試圖在其他地方尋找廉價勞動力來維持利潤。隨着工業領域內的工作，無論是製造業還是服務業，紛紛擴散到世界的其他地區，國際競爭進一步加劇。前蘇聯的解體使東歐各國得以向資本主義世界提供它們的廉價勞動力。中國的加入至少帶領了將近四分之一的世界人口進入世界經濟。

生產能力的提高，當然還有技術進步，造就了更高的產量；如果需求也相應增加，這部分產品就能被吸收，但是全球範圍內的需求並沒有與商品供應同步增長。畢竟，新生產中心出現的原因之一是能夠得到廉價勞動力，而低工資所產生的消費者需求並不高。循環後的石油資本通過借貸流入第三世界，這起初刺激了當地的消費，但利率的提高隨即讓這些國家背負

巨額的長期債務，它們的國民收入中相當大的一部分被用來支付利息和還貸。正如我們在第五章中所看到的，國際間不平等在持續增長，這意味着消費越來越集中在美洲、歐洲及遠東地區的成熟的工業社會裏。

　　但是，這些社會裏的消費需求也不穩定。公司削減工資成本以求至少能與其他新工業化國家的廉價進口商品競爭，於是實際工資和購買力隨之下降。私有化將原本受到保護的國有企業員工推向殘酷的公開勞動力市場。勞動力從製造業的「好工作」轉向薪酬很低的服務業。許多國家失業人數的增加進一步抑制了消費者需求。政府不情願花錢，寧願根據後凱恩斯主義經濟思想來平衡預算。因此，全球性消費並沒有與全球性生產同步，過度生產一直對利潤、工資與就業產生了威脅。

　　對於生產利潤率的下降，一種反應是尋找國外的廉價勞動力，另一種反應則是(如阿里吉(Arrighi)所說)將資本從生產投資中撤出，轉而對股票、貨幣及衍生產品進行投資。正如我們在第五章中所看到的，大量資金開始跨越國境流動，成為資本主義世界經濟中新的不穩定因素，並導致了1997年的東亞金融危機。

　　尋求在「新興市場」進行投資的大量資金進入了看似強盛的東亞各國，但在1997年，對於泰國經濟穩定性的擔憂造成資金紛紛撤出。這隨即導致股票和貨幣價格暴跌，銀行陷入困境。類似的情況發生在馬來

西亞、印尼、中國香港地區、韓國等地。隨着投資者將資金撤出所有被判斷為經濟疲軟的地區，危機並沒有就此終止，而是擴散到俄羅斯和巴西。隨之而來的衰退不僅在那些受到直接衝擊的國家摧毀了經濟，而且隨着東亞需求的下降，產生了全球性影響，例如，美國對東亞各國的農業和飛機出口就受到了衝擊。

這次危機從兩個方面表明了資本主義世界新的不穩定性。導致資金從泰國撤出的擔憂，部分在於隨着不同商品如微晶片、鋼鐵和汽車的生產商數量倍增，該地區日漸激烈的競爭對利潤造成了威脅。危機隨即被放大，因為國際金融已經一體化，資金可以在各個經濟體之間自由流通。過度生產、日漸激烈的國際競爭和資金的流動性，這三個因素相互作用，導致這場危機持續時間超過了一年，從一個國家擴散到另一個國家。

信息技術的繁榮

信息與通訊技術的革命似乎為避開資本主義經濟的不穩定性、進入新的增長期提供了機會。這不僅是因為對於「矽谷」的投資以及新創造的軟硬件產品，而且也因為這些投資及產品能夠提高許多現有產業的生產率。在經濟合作與發展組織看來，「信息與通訊技術正在轉變經濟行為，就像蒸汽機、鐵路與電力過去曾做過的那樣」。通過文字處理軟件及電腦控制的

圖15　在2000年3月公司股票公開發行之前，Lastminute網站的創始人，瑪莎‧簡‧福克斯(MArtha Jane Fox)與布倫特‧霍伯曼(Brent Hoberman)，露出了心滿意足的神情

生產、地球同步衛星及移動電話、互聯網及網絡、電子商務及遠程工作，信息與通訊技術毫無疑問已經通過這些方式改變了人們的工作生活。根據經濟合作與發展組織的看法，對於信息與通訊技術的投資在20世紀90年代顯然促進了經濟發展，主要是在美國，但也包括許多其他國家，尤其是澳洲和芬蘭。

　　但是，正如電子商務的發展所示，信息與通訊技術並不能幫助我們擺脫資本主義歷史上頻繁發生的周

期性繁榮與衰落。Lastminute網站就是個很好的例子。該網站建立於1998年，其基本構想是，互聯網可以牽線幫助企業將手頭剩餘的旅遊行程、餐宴或賓館房間出售給那些尋求最後時刻的廉價資源的消費者。2000年3月，電子商務處於鼎盛時期，該網站公開發行股票時將價格定為每股3.8英鎊，這一價格超過了許多效益很好的知名企業。隨後價格很快升至每股超過5英鎊，網站的創始人顯然加入了電子商務的百萬富翁行列。但不到一周，電子商務的泡沫開始衰退，該網站的股價開始下跌，到2001年9月，跌至每股17便士。儘管該網站的商務設想不出所料地遭到了失敗，但網站卻成功轉型為互聯網旅行社，利用公開發行股票時所募集的資本購買了其他公司。最終網站倖存下來。在2002–2003年財政年度，該公司有望首次贏利。

Lastminute網站倖存下來了，從這個意義上講，這個例子並非典型；但在其他方面，它是電子商務短暫繁榮的典型案例。它的初始資金來自風險投資，起初它竭力募集資金，以求在行業中生存，但在媒體大量報道之後，多家銀行開始爭搶公開發行該公司股票的資格。當股票(由摩根斯坦利公司Morgan Stanley)正式公開發行時，該網站募集的資金超過原計劃47倍，即使當年該公司預計將損失2,000萬英鎊。它的股價並不是基於預期利潤，而是基於它在股市繁榮期間可能通過股價上升所獲取的收益。對於該網站業務及股票

的瘋狂哄搶，源自某種心理恐慌，人們生怕自己錯過發財的機會。另一個原因則是受媒體引導所產生的對於新科技的樂觀態度。就像所有的泡沫一樣，一部分投資者最終判斷股價已到達最高點，開始拋售股票兌現。人們再度提出對該網站贏利率的正常質疑，在可預見的將來都無法贏利這一事實意味着股價將暴跌至零點。

電訊行業也經歷了一次類似的颷升，不過並沒有產生災難性的下跌。在英國，自由化清除了對於公共事業部門的限制，英國電訊(British Telecom)開始大肆收購，企圖將公司轉型為全球性機構。英國電訊在其他國家購買公司，試圖與主要的美國公司合併，並且競爭移動電話經營許可證。競爭的結果對於所有參與者來說都很糟糕，因為政府將這些許可證公開拍賣，價高者得。英國電訊在英國募集了225億英鎊資金，在德國募集了310億英鎊，但是那些為購買許可證提供資金的投資者只能猜測自己可能從中獲利的金額。拍賣的最終結果造成電訊公司背負了巨額債務。英國電訊的債務最高，達到280億英鎊，為了將債務減少到可接受的水平，它不得不以虧損價售出它在海外買入的公司以及它的移動電話業務。

英國電訊的主要競爭者之一是世通公司(WorldCom)，它是美國的第二大長途電話公司，同時也是美國最大的互聯網運營商。世通公司在巔峰期時

價值1,800億美元，僱用了8萬名員工。但2002年7月，該公司在被揭露曾虛報90億美元的利潤之後，不得不申請破產。由於世通公司的問題緊隨安然公司的醜聞被曝光，所以媒體重點關注的是公司的財務假賬問題，但這些假賬掩蓋了其他問題。世通公司起初只是密西西比州的一家小型電話公司，在15年的時間裏併購了60家公司，直到2000年它的擴張被歐洲及美國的監管機構阻止。當時這些監管機構擔心，世通公司正在計劃的一項兼併(與美國移動營運商斯普林特Sprint公司)將使得世通公司在全球範圍內完全控制互聯網流量。事實上，世通公司購買的寬頻量已經超過了它本身現有的合理需求，而它也在長途電話市場和移動電話領域遭遇到行業新入者的競爭。過度擴張，競爭日漸激烈，生產能力過剩，負債，收益不足，無法贏利——世通公司的故事與其他企業如出一轍。

信息與通訊技術革命在一些國家激勵了經濟的飛速增長，並至少給生活在其中的一部分人帶去了許多好處，但它並沒有解決資本主義世界經濟的問題。與之前由技術進步所帶來的產業轉型一樣，信息與通訊技術部門也經歷了擴張、過度生產、競爭加劇、收縮的循環發展過程。信息與通訊技術也對資本主義的不穩定性造成了新的影響，它使得更多數額的資金在全球範圍內得以更快地流動。

經濟緊縮的世界？

一些經濟評論家擔心，現在世界經濟正進入價格回落的通貨緊縮階段。如果價格下跌，並且商品價格一直下降，這將造成人們暫緩開支，因為在將來商品將變得更加便宜。它同樣也會造成企業暫緩購入新的機械。如果消費者和企業開支減少，過度生產的慢性問題將會惡化，造成利潤下降，投資減少，失業增加。民眾的消費力會減弱，或者不願意消費，因為越來越缺乏保障。這些惡性循環可能導致經濟活動的累積性衰退。

日本已經出現了此類螺旋式經濟緊縮現象。數十年的增長之後，颺升的價格造成了經濟泡沫，並在20世紀90年代初宣告破滅。從那時起，國內需求一直在下降，價格下跌，失業增加。隨着人們對未來變得越發擔憂，他們更多地儲蓄，更少地消費，而下跌的價格又促使消費者暫緩購買。政府試圖通過降低利率或增加公共開支以刺激需求，但到目前為止並不成功。

起初，日本看起來只是個特例，因為過去日本人將收入中很大一部分用於儲蓄，而福利國家制度的相對欠缺加劇了日本人為防範未然而對儲蓄所產生的依賴。這裏顯然存在着惡性循環，因為更少的開支造成了更多的失業，從而產生更多不安全感，進而導致人們更多地儲蓄，循環進一步惡化。

然而，儘管德國有着完善的國家福利體系，它近

來也開始走上了緊縮的道路。有人認為，由於德國要負擔重新統一的成本，或者由於德國勞動力市場的不靈活性，它也是一個特例。不過，如果這兩個規模龐大、相去甚遠的經濟體都陷入了通貨緊縮的循環，那麼這很可能是一個更為普遍的問題。

在這種情況下，為什麼在英國沒有出現這樣的緊縮循環？消費者開支已經明顯「違反地心引力」，在不斷地增加。服務業的價格也在不斷上漲，因此服務業的支出對於在勞動密集型的服務業中維持就業率尤為重要。信貸的擴張對於消費的不斷增長起到關鍵作用。高度發達的、具有強大競爭力的英國金融服務業找到了新的發放貸款的辦法，最近的一種辦法是以房產的新增值為抵押獲得貸款。過度生產的問題暫時被貸款刺激下的過度消費解決了。

但是，債務並不能無限擴張。如果民眾的處境發生變化，借貸意願可能突然改變。在英國，人們的處境事實上正在發生變化，稅收更高，大學學費更高，獲取養老金的希望更為渺茫。不斷增加的債務只能短期維持需求，當民眾削減開支時，依然存在突然的、大規模收縮的風險，因為他們無力再借貸，並且要償還高額的款項。

信息與通訊技術以及相關的股市泡沫使這些問題變得更加糟糕。隨着泡沫膨脹，新產品、金融服務業的高收入和個人資本的不斷增長所帶來的樂觀態度刺

激了消費。隨即，泡沫的破滅導致通信產業和金融服務業的就業及收入出現衰退。它還導致許多人損失了很大一部分儲蓄，並且預期得到的養老金更少，因為養老基金也遭到了巨額損失。如果房價泡沫也破滅，相似的情況也將發生。

所有這一切都有可能使民眾的首選從開支轉為儲蓄。而且，政府之前所制訂的支出計劃正是基於經濟增長所帶來的不斷增加的稅收，如今政府不得不削減支出，或增加稅率，或更多借錢，所有這些舉措都將削減消費者需求。消費的下降將進一步擴大生產與消費之間的差距，並使得過度生產且消費不足的問題變得越來越嚴重。

終極危機？

資本主義世界經濟沒能進入持續穩定發展的新時期，安然公司和世通公司的醜聞、各種金融泡沫的破滅，加上未來可能陷入通貨緊縮的預測，這一切使得一些人認為，資本主義體系處於崩潰的危險之中，可能陷入某種終極危機。

圍繞安然公司(Enron)和世通公司的醜聞顯得尤為嚴重，因為它們威脅到了資本主義行為規範的根基。如果手頭握有股票期權的管理者謊報利潤，公司的利潤數據就變得不再可信，而知名會計師事務所參與合謀則意味着原本用來避免此類職權濫用的審計機制並

沒有起到作用。許多華爾街銀行也被曝光，它們沒能做到向客戶提供客觀的投資建議，而是將客戶引向了與銀行有着利益牽涉的公司。所有這一切都意味着，投資者所依賴的信息及建議不值得信任。對於資本主義市場運作的信心已經發生動搖，而市場運作又是整個資本主義制度的核心。

但是，醜聞已經成為資本主義一再出現的特徵。真正的資本家一心想着不受道德規範約束以積聚金錢，這一再驅使某些人扭曲或打破行業規範。只有當泡沫破滅時，那些在經濟擴張時期很容易被掩蓋起來的欺詐行為才會突然被曝光。政府隨即對違法者進行處罰，並加強管制，正如美國最近的情況一樣。即使這不能避免在未來再發生新的醜聞——規章制度總是存在模棱兩可之處或是隱蔽的漏洞，從而使不正當的商業行為有空可鑽——至少可以修復商界的信心，從而使市場得以運轉。

無論如何，資本主義的歷史從不缺乏危機。經濟發展的穩定期只是例外，而非常態。自1945年後的25年，經濟發展相對平穩，這或許是一代人心目中的規範資本主義，但這段時期並不是典型的資本主義。危機是資本主義的常態特徵之一，因為在資本主義體系內有如此多不斷變革的、累積性的運作機制，因此，資本主義經濟無法長期保持穩定。生產與消費的分離、生產者之間的競爭、勞資雙方的衝突、導致泡沫

膨脹與破滅的金融機制、資金從一個經濟活動到另一個活動的流動，這一切不穩定性的源頭從一開始就是資本主義制度的特徵，並且毫無疑問將持續伴隨資本主義發展。

特定的危機終將結束。因此，如果過度生產是問題所在，導致破產和工廠倒閉的虧損狀態將最終降低生產能力。剩餘的高效生產者自然贏利更多，他們將擴張生產，僱用更多人手，並且產生新的需求。資本主義經濟體的特徵之一就是生產革新的比例很高，新產品或新技術的發明將在未來的某個時刻再度刺激增長。危機毫無疑問是資本主義經濟一再出現的特徵，但資本主義的另一特徵就是，當危機過去後，資本主義具有驚人的能力恢復發展。

無論如何，世界上某個地區的經濟危機背後是其他地區的經濟增長。因此，擁有眾多廉價勞動力的中國加入資本主義世界經濟後，加劇了國際競爭，並影響到了其他地區的利潤率和就業。但是，有着世界近四分之一人口的中國，是未來世界經濟增長的潛在源泉。擁有廉價勞動力的國家起初或許不會產生太多的消費需求，但當它們開始出現經濟增長後，對於勞動力更大的需求可以預計將導致工資上漲，並在未來產生更多消費。中國不僅是個出口大國，它也正在成為進口大國。

20世紀30年代，前蘇聯正以非資本主義的、國家

社會主義的經濟體系為基礎進行工業化，而資本主義工業社會中強大的社會主義運動依然在積聚力量，尋求轉向前蘇聯模式。隨着20世紀80年代末國家社會主義經濟的解體以及社會主義運動的低潮，這一替代模式陷入了低谷。

這並不是說，資本主義的對手業已消亡。反資本主義運動依舊存在，並且通過各種方式表現出來，尤其是在國際性經濟會議召開時舉行的大規模示威，如1999年的「西雅圖戰役」和2001年的「日內瓦戰役」。然而，這些運動的弱點在於，儘管吸引了眾多支持者，但它們並不是足以替代資本主義的有效體系，就像社會主義曾經(至少是一度)做到過的那樣。

這同樣並不意味着替代選擇已經從資本主義世界經濟中消失。正如第四章所示，有許多各具特色的國家經濟體，並且這些經濟體沒有被全球化變為同一種模式。必須承認，美國的經濟主導地位導致了自由市場資本主義模式被強加給經濟孱弱的國家，尤其是那些試圖從美國主導的國際經濟組織中借款的國家。但是，成熟的資本主義經濟體保持了它們的政治及制度的獨特性，從而繼續提供不同的備選模式。重要的不僅僅是它們所提供的成熟的備選模式(儘管這是個有趣的話題)，而且是認識到在資本主義世界經濟範圍內總是存在各具特色的國家經濟體，並且它們將繼續運行下去。

在當今世界，資本主義已佔據絕對主導地位，並且，在短期內不會出現最終危機，或者說，如果不出現某種生態災難的話，甚至難以想像會有最終危機。在這樣的一個世界裏，尋求替代資本主義的備選體系還沒有成果。原本作為替代體系的社會主義經濟也不確定，而當代的反資本主義運動看起來則茫無頭緒，因為它們不能提供一個值得信賴的、具有建設性的替代體系，與生產及消費的現有模式兼容。那些希望改革的人應該將重點放在資本主義內部發生變革的潛在可能。存在不同形式的資本主義，並且資本主義制度也經歷了多次轉型。但是，改革需要加入到資本主義內部，任何站在資本主義之外的運動都無法做到改革，而只能示威以表示反對。

推薦閱讀書目

Chapter 1: What is capitalism?

Fernand Braudel's three-volume *Civilization and Capitalism: 15th-18th Centuries* (William Collins, 1982-4) is a wonderful source of insight into the nature and early history of capitalism. See especially Volume II, chapters 3 and 4, and the Conclusion to Volume III. On the methods used to discipline and control labour in 19th-century factories, see S. Pollard, *The Genesis of Modern Management* (Penguin, 1968). The excesses of the speculative capitalism of recent years are chronicled by Susan Strange in *Casino Capitalism* (Manchester University Press, 1997) and Michael Hudson in *The Bubble and Beyond: Fictitious Capital, Debt Deflation and the Global Crisis* (Islet, 2012). To read further on Karl Marx, see *Capitalism* (Polity, 2011) by Geoffrey Ingham, which provides an authoritative introduction to the classic theories and basic institutions of capitalism. Hernando de Soto's book, *The Mystery of Capital* (Bantam Press, 2000), contains intriguing reflections, going back to the writings of Adam Smith and Karl Marx, on the character of capitalism and its failure to emerge locally in Third-World countries.

Chapter 2: Where did capitalism come from?

Ellen Meiksins Wood, *The Origin of Capitalism* (Monthly Review Press, 1999) provides a clear and forceful account of the origin of capitalism in Britain and is also the best way into the long-running Marxist debates on this question. In *The Transition from Feudalism to Capitalism* (Macmillan, 1985), R. J. Holton very usefully reviews both Marxist and non-Marxist theories. There is again much on the origins question in the Braudel volumes listed for Chapter 1. Although it is concerned with broader issues, Volume 1 of Michael Mann's *The Sources of Social Power* (Cambridge University Press, 1986) provides a theory of the origins of capitalism in feudalism and argues that Christianity and the political fragmentation of Europe were also crucial. Mann is much concerned with the distinctiveness of Europe, as is John Hall, who in *Powers and Liberties: The*

Causes and Consequences of the Rise of the West (Blackwell, 1985) compares Europe with China, India, and Islamic societies.

Chapter 3: How did we get here?

An influential version of the three-stage approach, though using different labels for the stages, was provided by Scott Lash and John Urry in *The End of Organized Capitalism* (Polity, 1987). The managerial revolution issue is discussed by John Scott, one of the leading researchers in this area, in *Corporate Business and Capitalist Classes* (Oxford University Press, 1997). *In Transformations of Capitalism: Economy, Society and the State in Modern Times* (Macmillan, 2000), Harry F. Dahms has very usefully collected together a number of classic texts on these issues. For a highly readable and globally extensive narrative of the latest transformation, see *The Commanding Heights* by Daniel Yergin and Joseph Stanislaw (Simon and Schuster, 1998). On the privatization of the NHS, see *Allyson Pollock NHS pic: The Privatisation of Our Health Care* (Verso, 2005) and *The End of the NHS: Why the Government Wants to Destroy the Health Service* (Verso, 2015).

Chapter 4: Is capitalism everywhere the same?

Will Hutton's *The State We're In* (Random House, 1994) and John Gray's *False Dawn: The Delusions of Global Capitalism* (Granta, 1998) both argue against the idea that globalization produces convergence, as does David Coates, in *Models of Capitalism: Growth and Stagnation in the Modem Era* (Polity, 2000), which lucidly examines all the major models and claims that each 'has stopped working'. Ronald Dore's Stock *Market Capitalism: Welfare Capitalism* examines the functioning and merits of the German and Japanese models, on the one hand, and those of Britain and America, on the other. While not covering anything like as much ground as the above, my *Labour Movements, Employers, and the State: Conflict and Cooperation in Britain and Sweden* (Clarendon Press, 1991) uses the notion of suppressed historical alternatives to explore the similarities and differences between Britain and Sweden. *In Bending Adversity: Japan and the Art of Survival* (Allen Lane, 2014), David Pilling provides a brilliant account of recent changes in Japan.

Chapter 5: Has capitalism gone global?

Vandana Shiva's 2000 Reith Lecture, On *Poverty and Globalization*, is available through the BBC's web page. For a comprehensive and clear general account of the development of global capitalism, see Robert Gilpin, *The Challenge of Global Capitalism: The World Economy in the 21st Century* (Princeton University Press, 2000). Susan Strange has chronicled the decisions (and non-decisions) leading to global monetary instability in *Casino Capitalism* (Manchester University Press, 1997). For a World Bank insider's perspective, see Joseph Stiglitz's book, *Globalization and. its Discontents* (Allen Lane, 2002). For an outsider's call for fair trade rather than free trade, see George Monbiot's *The Age of Consent: A Manifesto for a New World Order* (Flamingo, 2003).

Chapter 6: Crisis? What crisis?

On tulipomania, see Mike Dash's *Tulipomania* (Indigo, 1999) and Simon Schama's *The Embarrassment of Riches* (Collins, 1987). The best way into Marx's views on capitalism and crisis is to read Part One of *The Communist Manifesto* (originally published in 1848; among other editions, Penguin, 1967). Eric Hobsbawm provides a readable and perceptive account of the Great Depression, the postwar 'golden years', and the 'crisis decades' that followed in his *Age of Extremes* (Abacus, 1994). In his *Postscript to Capitalism* (Polity, 2011) Geoffrey Ingham provides a penetrating examination of the 2007 crisis and its aftermath. In *The Bubble and Beyond: Fictitious Capital, Debt Deflation and the Global Crisis* (Islet, 2012), Michael Hudson argues powerfully that a productive capitalism has been succeeded by a financialized and debt-ridden one. Against the background of the crisis, Immanuel Wallerstein, Randall Collins, Michael Mann, Georgi Derluguian, and Craig Calhoun seek boldly to answer the question Does Capitalism Have a Future? (Oxford 2013).